文學叢刊

陳福成編

中國藏頭詩（一）

——范揚松講學行旅詩欣賞

文史哲出版社印行

國家圖書館出版品預行編目資料

中國藏頭詩.一：范揚松講學行旅詩欣賞 /
陳福成編. -- 初版 -- 臺北市：文史哲出版社,
民 112.03
頁； 公分 -- （文學叢刊；468）
ISBN 978-986-314-632-2（平裝）

1.CST：范揚松 2.CST：臺灣詩
3.CST：文學鑑賞

863.51　　112003706

文學叢刊 468

中國藏頭詩(一)

范揚松講學行旅詩欣賞

編　者：陳　福　成
出版者：文史哲出版社
http:// www.lapen.com.tw
e-mail:lapen@ms74.hinet.net
登記證字號：行政院新聞局版臺業字五三三七號
發行人：彭　正　雄
發行所：文史哲出版社
印刷者：文史哲出版社
臺北市羅斯福路一段七十二巷四號
郵政劃撥帳號：一六一八〇一七五
電話886-2-23511028・傳真886-2-23965656

定價新臺幣二八〇元

二〇二三年（民一一二）三月初版

ISBN 978-986-314-632-2　10468

序　關於范揚松「講學行旅」藏頭詩

在我們中國歷史上，不論古今，寫藏頭詩（也叫嵌頭詩）的詩人作家大有人在，通常當成趣味遊戲寫個幾首，從未有認真創作千百首者。

吾老友、成長於神州邊陲的企業家詩人范揚松，以「講學行旅」神州大地三十年之背景人事物記錄，創作藏頭詩三千多首。這是他在成千上百機關學校，進行教學、輔導、企業診斷和轉投資事業，詩的記錄，詩的創作反應一生的歷史，更反應了祖國崛起發展的足跡。

吾友范揚松，他所寫的藏頭詩超過歷史上的總量，不愧是「中國藏頭詩第一大家」，當之無愧，實至名歸，以你為榮，你的作品必將流傳後世，在中國詩壇佔領一席大地。

本書從范揚松三千多首藏頭詩中，選出四百首，按概略的分類編成十四章。

每一首都有人事時地物的背景說明，每一首都鏗鏘有力，衝激著人的身心靈，因為這些作品不同於歷史上的藏頭詩。從此以後，在我們中國詩歌文學領域裡，「中國藏頭詩」將成為最有特色獨立的門類

編者順帶一提，本書編者陳福成所有已出版的著、編、譯作品，都放棄個人版權，贈為中華民族之文化公共財；凡中國（含台灣）地區內，任何出版單位均可自由印行，廣為流通，嘉惠每一代炎黃子孫，是吾至願。

台北公館蟾蜍山　萬盛草堂主人　**陳福成**　誌於

佛曆二五六六年　公元二〇二三年春）

中國藏頭詩——范揚松講學行旅詩欣賞(一)

目 次

第一章　范校長的歐大春秋

「歐大」，是瑞士歐洲大學（EU）的簡稱，於二〇〇七年在台灣地區成立分校，由范揚松教授擔任分校校長。歐大的台灣區分校也簡稱「歐大」，十多年來歐大擴展到我們中國（含台港澳）各地，培訓出數百位各類專長的碩博士人才，對現代中國之發展，范揚松教授予有功焉。

多年來范揚松教授，奔走於兩岸中國地區「講學行旅」，將所有經驗過的人事時地物，以「藏頭詩」的形式寫出來，當成他的人生「生命事件簿」。至今（二〇二二年十二月），范教授已完成三千多首藏頭詩，其中以歐大為主題或相關歐大的作品，上看千首之多。本章編入僅數十首，略微窺豹一斑。

賀鄧董事長入歐大博士班，勉嵌「駿征但日・經勤誓勇」（2015.02.03）：

駿業鴻發憑拼搏，征戰全球據點多；

但求暢旺添利得，日進斗金阿彌陀！

經驗人脈溢滿缽，勤修苦煉攻碩博；
誓將知本融一體，勇創高峰不蹉跎！

歐大論壇大成功，勉嵌「八群前敢・言激歡究」（2015.03.21）：

八方風雷震臺大，群英崢嶸閃彩霞；
前沿辯證悉洞見，敢論天下屬誰家！
言辭霍霍筆生華，激盪襟懷迸火花；
歡聲不絕掀風雲，究竟奧妙在剎那！

赴歐大碩博班講授製造業服務策略，勉嵌「龐蠅懸誰・微轉服互」（2015.05.14）：

龐然車間萬頭鑽，蠅頭微利拼血汗；
懸命一生溫飽否？誰管螻蟻墊底盤！
微笑曲線重兩端，轉型升級谷底翻；
服務增值添回報，互勝三贏更同歡！

歐大碩博班校友年中餐會，勉嵌「瑞士歐大・群賢畢至」（2015.05.30）：

瑞雪沁潤春滿園，士林繁花開三千；
歐學深究成博碩，大膽主張一家言！
群芳競秀花爭艷，賢才器使驚人間；
畢竟困學當激勵，至情相挺敢為先！

主持歐大跨界文創藝術座談會，嵌「跨界為王・馳騁藍海」（2015.07.18）：

跨業競合尋蹊徑，界外洞天好風景；
為創新猷多錯置，王者歸來愛視聽！
馳蹄穿林且徐行，騁懷游目偏多情；
藍田有玉形蘊美，海疆明珠是精英！

赴歐大碩博班授體驗行銷與服務，勉嵌「五感營銷・驚喜服務」（2015.10.17）：

五路財神護八方，感通身心顯靈光；
營造情境真體驗，銷若無形卻暢旺！
驚聲讚嘆猶夢鄉，喜遊人間任品嚐；
服事款待獻殷勤，務本道生春滿堂！

誌歐大餐敘並成立校友會，自嵌「咨爾多士‧互展雄才」（2015.11.29）：

咨嗟碩博聚滿堂，爾雅歡趣議論長；
多情仗義能相挺，士為知己敢擔當！
互顯崢嶸望八方，展翅擊空任遨翔；
雄圖大業結盟廣，才量器使力無疆！

歐大年會論壇暨春酒，盛情邀約詩稿，嵌「王道勝出‧商機引爆」（2016.02.15）：

王師凱歌旗飛颺，道義高懸利萬方；
勝景長榮韶光好，出類拔萃多將相！
商情索隱互聯網，機鋒盡露閃彩光；
引風鼓浪敢跨界，爆量完銷爭市場！

歐大主講企業變革與創新領導，授課心得，自嵌「旋乾轉坤‧創新領導」（2016.03.21）：

旋飛日月逆顛倒，乾天霹靂多變貌；

轉風偷龍皆妙手，坤載萬物各嬌嬈！
創思異想非常道，新猷勃發展風騷；
領袖群賢集眾志，導引江山競折腰！

歐大碩博班講授服務價值銷售，授課有感，悟嵌「價值銷售・虎口搶單」（2016.04.24）：

價量攀旋抱陰陽，值此良機積草糧；
銷魂最是愛體驗，售後妙算在廟堂！
虎踞龍盤霸一方，口蜜腹劍各主張；
搶掠城池爭逆轉，單單落袋勝豪強！

二〇一六年五月廿七日晚，歐大校友餐會在台北國軍英雄館舉行，范揚松在桃園工策會上完六小時課後，仍打起精神趕赴英雄館與校友共聚。晚宴樂音迴繞，傅明琪高歌她的拿手曲，盪人情懷，歡聲四起，令人流連。次日晨酒醒即興，讚嵌「滿座衣冠・一時俊彥」：

滿園春色鬧蜂蝶，座客熙攘與百業；
衣香鬢影人嬌嬈，冠蓋相望錦如雪！

一唱三嘆歌未歇，時移境遷情懷月；
俊秀競起花樹開，彥碩名流皆好學！

主持歐大碩博班策略人資研討會，晨起備課有得。悟嵌「人力資本・策略夥伴」（2016.06.18）：

人存政舉擘鴻圖，力能扛鼎修文武；
資源亟匱志無窮，本固邦寧旗飛舞！
策無遺算學孫吳，略高三籌計無數；
夥結八方爭相挺，伴風搭雨採前路！

祝顧問師論壇盛會成功，迎顧問專家，讚嵌「良醫濟世・藝精膽壯」（2016.07.16）：

良師諍友望聞切，醫時救弊度萬劫；
濟國安邦良策在，世異時移爭氣節！
藝專研深究新學，精金百煉不苟且；
膽敢開山立一派，壯心不已堅如鐵！

立春日，施振榮應邀赴歐大演講，滿堂展風華，勉嵌「春回大地・萬象更新」（2017.02.04）：

春和景明日高照，回黃轉綠天有道；
大處潑彩添顏色，地藏萬物迎風騷！
萬壑爭流千里遙，象忘意得情未了；
更迭興替靜無聲，新筝怒發已半腰！

歐大年會，施振榮・梁錦鵬談王道，回應錦鵬DBA論文，校嵌《利益與共・創新增值》（2017.02.19）：

利害福禍互網羅，益損興替自斟酌；
與聞經營論王道，共勝多贏妙策多！
創見勃發相競合，新枝繁茂舞婆娑；
增華踵事添顏色，值此風光放歡歌！

聆聽施振榮到歐大，演講〈王道經營與社會企業〉，歐大年會滿座爆棚，魅力四射，嵌「王道興利・志業薪傳」（2017.02.21）：

王侯將相本無種，道存目擊望德重；

興革宏碁安天下，利澤眾生長執中！
志氣恢宏神斧工，業創新猷致中庸；
薪盡火照良善心，傳道授業響千鐘！

迎中港台歐大碩博生相聚台北研修，勉嵌「天涯比鄰・共學奮進」（2017.04.23）：

天機雲錦情懷抱，涯角無疆志妙高；
比肩讚嘆猶慷慨，鄰里為美韻成調！
共探雲端破堂奧，學書煉劍刀出鞘；
奮袂而起勤有功，進奪智珠逞風騷！

歐大年會論壇，嘉賓雲集，精彩交鋒，社企個案發表激勵眾人。歡嵌「社企風華・高手論劍」（2017.02.19）：

社舞村歌百家鳴，企足翹首高處行；
風湧雲起商機在，華枝春滿照繁星！
高山仰止引視聽，手足胼胝未歇停；
論辯滔滔崢嶸甚，劍花紛飛春勝景！

歐大碩博班商業模式與獲利課程，圓滿成功，精英座談會中回應個案報告。悅嵌「因緣果報．利澤眾生」（2017.03.20）：

因勢利導窮天理，緣情體物得妙計；
果不其然萬客隆，報酬翻飛奪商機！
利用厚生為永續，澤被百業善經濟；
眾擎易舉創價多，生聚俯仰爭唯一！

赴歐大碩博班講授變革領導。權力與影響力，回應詩友論領導者統御術，勉嵌「魅力領導．恩威並濟」（2017.06.18）：

魅聚群芳譜同調，力拔山兮掀狂潮；
領袖一方崢嶸甚，導引千江逞風騷！
恩深義重揪團抱，威勢凜凜射大雕；
並蒂花開鋼柔在，濟世安邦救傾倒！

歐大碩博班講授〈藍徹斯特行銷戰略〉，范揚松曾用此一戰略於房仲業，極為成功。嵌「強弱攻防．逆轉求勝」（2017.10.24）：

強弓勁弩廣域戰，弱水三千豈偏安？
攻城掠地蠶食甚，防微慮遠壯肝膽！
逆襲奇謀度關山，轉日回天多廟算；
求得青鋒三尺劍，勝景凱歌千里還！

歐大碩博班講授產業趨勢分析與商機探索，用情境模擬掌握動態，藏頭「前瞻趨勢・商機盡出」（2018.01.20）：

前沿銳眼觀天下，瞻雲就日探真假；
趨吉逐利更避險，勢如破竹山可拔！
商海波濤驚變化，機鋒妙境誰能達？
盡在彀中精算計，出將入相成贏家！

與歐大校友論虛擬貨幣信仰體系，兆鴻／婉筑深研此商模設計。藏頭「創富眾籌・各領風騷」（2018.02.03）：

創異標新破常規，富貴利達馬上催；
眾聲喧嘩加密幣，籌謀能斷賺幾回！
各自征戰爭盈虧，領袖後進萬馬追；

風險跌宕區塊鏈，騷潮奔湧雪千堆！

歐大碩博班講授複雜系統脆弱管理與恢復力創新，呂忠達教授講貿易戰與變局為歐大開鑼起鼓。悟嵌「複雜多元・韌度維新」（2018.07.21）：

複眼觀瞻詭譎變，雜念營私利與權；
多歧亡羊脆弱處，元經祕旨創新先！
韌剛猶柔歷艱險，度長絜大爭亮劍；
維揚短板機鋒藏，新試初硎搏九天！

推薦歐大碩博班新課陳永隆教授跨界思考與問題解決，讚嘆陳教授獨立開發整套教材手冊。勉嵌「跨界展演・構思泉湧」（2018.07.22）：

跨山越嶺尋桃源，界外異想意翩遷；
展翅時空穿梭趣，演繹聚散任網聯！
構辭造境創新篇，思深慮遠著鞭先；
泉水萬斛激盪甚，湧濤拍岸驚浪尖！

歐大DBA王素英董事長，是在職博士生，勇闖非洲創業成功，擔任非洲經貿協會理事長，接受商周專訪，歐大之光。嵌「非洲商機・潛力無窮」（2016.04.07）：

非常黑金滿市場，洲聯國合貨暢旺；
商賈靈銳勤圈地，機不可失搶稱王！
潛量奔騰勢難擋，力用縱橫掘寶藏；
無邊金光發達夢，窮國亟變爭富強！

歐大MBA全球線上排名第一，DBA第九，歐大之光，嵌「歐大碩博・引領風騷」（2018.02.14）：

歐風美雨開商道，大器已成競前茅；
碩學聯網通全球，博采眾長得奧妙！
引吭高歌喜神到，領新標異掀狂濤；
風生水起鰲頭上，騷人豪客堪折腰！

賀歐大成立金融科技中心，服務國內外企業界，陳隆鑫主任華爾街三十年聘任十委員。喜嵌「金融理財・造福企業」（2018.04.23）：

金城湯池築高牆，融滙貫通妙解方；

理所當然著先鞭，財源滾滾新氣象！
造端倡始籌謀長，福澤潤利達三江；
企頭固本孳高息，業業兢兢慶開張！

了不起！歐大在台辦碩博學程十年了，校友各領域表現卓越。藏頭「歐大碩博・十年崢嶸」（2017.11.25）：

歐風美雨傳商道，大車載重志存高；
碩儒不器常教化，博采眾長浪驚濤！
十步芳草多英豪，年誼世好劍出鞘；
崢峰頭角曾慷慨，嶸景可期競風騷！

歐大ＭＢＡ、ＤＢＡ以行動學習為根本，與諸師友論行動學習與三問三反三道智慧生成系統。悟嵌「學思篤行・勘探究竟」（2018.12.21）：

學海迴瀾浪驚濤，思深慮遠配成套；
篤志不倦精氣神，行針布線千里遙！
勘測虛實破門道，探驪奪珠屠龍刀；
究底尋根三輾轉，竟體蘭芳知奧妙！

歡迎邱贊因、楊煥卿、梁可翰等高管精英加入歐大DBA博士班，讚嵌「進德修業・有鳳來儀」（2018.09.26）：

進壤廣地視野闊，德藝雙馨不蹉跎；
修齊逐夢學治平，業業兢兢迎戰歌！
有愛稱義志不奪，鳳凰涅槃經浴火；
來去風華砥礪甚，儀表堂堂勝諸葛！

驚覺部聘講師到歐大已歷生涯三十二個教師節，歲月如梭，並記《傳記文學》劉紹唐金蘭師友年度餐敘。慨嵌「春風化雨・好為人師」（2018.09.29）：

春華秋實花滿樹，風刀霜劍幾寒暑；
化育萬物潤無聲，雨沐風餐赴征途！
好語嘉言驚鑼鼓，為而不有藏智珠；
人情練達精采甚，師友淵源共祝福！

賀歐大二〇一九年CEO雜誌全球排名，DBA前十名，MBA雙料冠軍。讚嵌「歐大碩博・排名登鋒」（2019.05.07）：

歐風美雨掀驚濤，大處著眼射大鵬；
碩學究竟成一絕，博通經營劍出鞘！
排輩論資競風騷，名聞遐邇雙響炮；
登高自卑幾轉輾，峰巔熠燿湧千潮！

賀中港台歐大王素英等博碩士飛往校本部日內瓦，參加畢業典禮，同賀歐大二〇一九CEO雜誌調查DBA列二十強，EMBA第一名。勉嵌「搏擊九天・萬里鵬飛」（2019.06.17）：

搏手妙策志鴻鵠，擊楫中流響鑼鼓；
九轉功成博碩士，天從人願展雄圖！
萬壑千岩共甘苦，里程豐碑絕塵俗；
鵬翔遠志日內瓦，飛揚意氣競傑出！

歐大碩博班講授〈人力績效科技導入實務〉，共有七十簡報檔，嵌「賦能授權・績效為王」（2019.06.23）：

賦形隨物阿米巴，能謀善斷勘造化；
授官任事激勵亟，權變聚散自當家！

績學洞見知落差，效力科技求聞達；
為山千仞再登峰，王師氣象奪天下！

歐大跨界（境）電商平台與會員獲利配方課程，名師開講。勉嵌「電商突圍・會員裂變」（2019.07.21）：

電光火石擊鏗鏘，商模翻轉人聯網；
突發異想敢破壞，圍城打援得利旺！
會聚平臺壯聲量，員額無限競稱王；
裂土封侯複製甚，變法圖強最發皇！

覃冠豪博士歐大講授電商平台與駭客，反應熱烈，覃博士專程自深圳來授課，傾所有江湖祕技，毫無保留。嵌「社交電商・成長駭客」（2019.07.20）：

社舞村歌得意歡，交流聯網一指彈；
電光火石爆裂變，商通工惠任往還！
成王敗寇破艱難，長征萬里競雲端；
駭龍走蛇絕技亟，客闖天涯度千關！

初八抗煞，準備歐大碩博班策略課程，再整合平衡計分卡發展戰略地圖。悟嵌「戰略推演・創建優勢」（2020.02.01）：

戰天鬥地決廟堂，略出奇謀較短長；
推本溯源邏輯亟，演繹萬相有妙方！
創業垂統知陰陽，建制路線應周詳；
優賢揚勵得英才，勢與形合飛天響！

歐大講授平衡計分卡，將策略規劃到執行反饋整合，貫通九大連動，創造策略動態均衡。勉嵌「平衡計分・策略落地」（2020.02.22）：

平地樓台築願景，衡短論長辨幽明；
計無遺策多視角，分進合擊金鼓鳴！
策馬飛輿競用命，略出奇謀知能行；
落子無悔快狠準，地利人和好經營！

歐大創新亮點，審DBA博士候選人吳尚清博論，讚高管領導五R模式論述，助中國民企提升高管領導力。勉嵌「領導教練・創建新模」（2020.04.07）：

領袖群倫出將相，導引有方糾偏常；

教亦多術貫東西，練達老成智珠藏！
創意造言幾商量，建策籌謀好篇章；
新硎初試不等閒，模範既出見鋒芒！

歐大實體課程轉型遠距教學，面對疫情新挑戰，讚歐大在亞洲區中文教學已歷十二年，培養碩博數百。勉嵌「樹立豐碑・轉進圖存」（2020.04.18）：

樹人百年藏驚喜，立身律己多倡議；
豐草長林天行健，碑以載道勤砥礪！
轉識成智辨義利，進退應矩開風氣；
圖謀實虛成遠距，存亡絕續再奮起！

招生啦！歐大碩博班好個案，創業者自我進化，英雄不怕出身低，反思自己打掉重練不手軟。勉嵌「進化反思・螺旋成長」（2020.12.19）：

進賢用能展雄圖，化蛹成蝶歷艱苦；
反轉逆勢拓斯達，思患預防競逐鹿！
螺響鼓應在征途，旋乾轉坤闢疆土；
成就智能平臺闊，長轡遠馭猶神助！

歐大之光，歐大企管博士梁可翰校友，獲英國劍橋大學博士後研究，再創生涯高峰！梁君任職英業達創投高管，取得博士又攻讀上海交大、復旦相關專業。賀嵌「登高望遠・勇猛精進」（2021.09.29）：

登壇拜將聚賢能，高足子弟豈等閒；
望風懷想曾砥礪，遠舉高飛上九天！
勇貫三軍一馬先，猛將謀士破艱險；
精金百煉砌磋亟，進德修業更相勉！

不容青史成灰，利用春假撰《十年辛苦豈尋常：歪打正著歐大碩博辦學實錄》完成，回顧十五年非典型校長之旅。慨嵌「歐大碩博・積健為雄」（2022.02.06）：

歐風美雨新顯學，大學傳道授智業；
碩果常存經營好，博聞多識出見解！
積功興業志如鐵，健馬活能教與學；
為作師表砥礪亟，雄圖壯懷不肯歇！

范揚松三年轉進，鍛練人生事業逆境商數。范校長成了疫情重災戶，碩博停辦，有效收尾轉投資沉香植菌煉油、SI（智慧整合）汽車晶片，雖艱苦希望無窮。勉嵌「危機入市・戰略突圍」（2022.04.05）：

危如累卵幾轉輾，機鋒盡觸競放膽；
入火赴湯不讓賢，市絕關閉破艱難！
戰不旋踵驚波瀾，略勝三籌多廟算；
突起異軍獨角獸，圍城打援凱歌還！

第二章　工商、金融、科技等企業集團

范揚松以「企業顧問師」的身份，應海內外各類企業集團之邀請，前往輔導、診斷、講課，恐有數百企業單位，寫下的藏頭詩也很多，本章例舉其部分。

本章所舉各類單位包含：電信、地產、物流、銀行、科技、建材、汽車、石化、美妝；以及摩根金融、跨國企業、連鎖商圈、工商人民團體、基金會；以及千億、將捷、寶成集團、醫院、港務等。

赴電信集團高階班講授價值談判，勉嵌「創造雙贏・志在全勝」（2015.07.13）：

創發僵局耗草糧，造勢布陣徒逞強；

雙邊折衝敢砌磋，贏得夥伴價值網！

志同道合拼疆場，在情入理多解方；
全程精益應提攜，勝負關鍵比眼光！

電信集團中高主管授課，心得詩作兩首。一嵌「價值領導・將轉兵隨」，二嵌「革故鼎新・基業長青」（2015.08.26）：

價比天穹星北斗，值得明珠照婆娑；
領袖群倫大無畏，導引萬流迎風波！
將帥鏖戰千回合，轉輾征途撼江河；
兵勢如山情義在，隨形賦影颺戰歌！

革命維新天蠶變，故園芳草碧雲天；
鼎力勤耕尋春意，新猷奮發一枝先！
基盤根深花爭艷，業績積累百果鮮；
長風吹醒蜂蝶浪，青山隱隱勢綿蜒！

電信集團講授商業談判議價，悟嵌「增值談判・共勝雙贏」（2015.12.16）：

增援救危賽競局，值此逆轉佈奇計；

談辯終歸攻與防，判讀輸贏應長期！
共築平台齊給力，勝負非關求砥礪；
雙龍搶珠納許解，贏家盡歡全得利！

電信集團講授策略夥伴關係建立，勉嵌「義不容辭・鼎力相挺」（2016.04.14）：

義薄雲天鏗鏘行，不論利害導視聽；
容顏易老滄桑事，辭金蹈海憤不平！
鼎新革故念分明，力拔山兮兄弟情；
相勉共好求砥礪，挺護江山有神靈！

電信集團高階班講授〈領導影響力〉，勉嵌「魅力領導・激發潛能」（2016.10.20）：

魅影英姿仰彌高，力敵千鈞掀狂潮；
領袖群賢不違讓，導引千江爭王道！
激昂慷慨浪驚濤，發揚蹈勵逞風騷；
潛龍勿用猶待機，能謀善斷競達標！

赴電信龍頭企業高階班，講授〈領導與影響力〉，勉嵌「虛空有盡‧我願無窮」（2016.11.03）：

虛往實歸力拼搏，空谷跫音勤苦索；
有志奮發成智業，盡情竭誠不蹉跎！
我武維揚破網羅，願受長纓歷風波；
無為萬有得妙方，窮理究竟舞婆娑！

再赴電信集團高階班，講授〈勞資爭議談判與協商實戰模擬演練〉，嵌「協商談判‧法理兼情」（2018.08.08）：

協力同德知此彼，商略佈署豫則立；
談笑機鋒幾砌磋，判然雲泥存爭議！
法脈準繩難相契，理直氣和爭交集；
兼權熟計砥礪甚，情急智生舞大旗！

地產集團新春激勵大會演講，勉嵌「經濟失溫‧自體發熱」（2016.01.06）：

經管蹇困冷肅殺，濟危扶傾赴天涯；

失憶榮枯歡喜過，溫飽猶幸看煙花！
自勵突圍待彩霞，體悟江山景猶畫；
發皇有時黃粱夢，熱血此生任瀟灑！

赴地產集團業務猛將，講授〈有效時間管理〉，勉嵌「惜時如金・勇猛精進」（2016.12.08）：

惜客好義重然諾，時乘勢轉逆風波；
如登春台爭日月，金石難開莫磋砣！
勇者何懼多籌謀，猛士突圍志不奪；
精耕商圈著先機，進擊有據颺戰歌！

赴僑委會對全球台商會長講授〈會議溝通〉，嵌「凝集共識・議決力行」（2015.09.24）：

凝聚眾議相激盪，集思廣益案拍響；
共體利害敢取捨，識見縱橫爭短長！
議論滔天發奇想，決斷折衝費思量；
力拔山兮各當責，行者常至願無疆！

為全球台商會長班授課並集氣，勉嵌「開疆拓點・全球佈局」（2016.03.22）：

開闔縱橫闖天關，疆場馳騁度艱難；
拓荒含悲嚼薑醋，點線成面不簡單！
全心竭慮揭義竿，球擊射日掀波瀾；
佈兵達陣少勝多，局轉勢移奪江山！

赴摩根講授〈金融商品策略銷售〉，有感詩作。嵌「多元組合・避險求財」（2015.10.04）：

多種品類各分殊，元貞利亨早佈署；
組建預警抗災難，合當獲益因互補！
避凶趨吉胸成竹，險中富貴難定數；
求神問卦泥菩薩，財星殷勤學算術！

商總講授〈敢在虎口搶大單〉，悟嵌「虎口搶單・逆轉求勝」（2015.10.08）：

虎膽妙策備資糧，口若懸河渡陳倉；
搶得龍珠九連環，單單落袋較短長！

逆勢翻飛風遠颺，轉戰江山費思量；
求索利弊因創價，勝卷在握有主張！

商總講授〈阿里巴巴跨界經營競爭優勢〉，嵌「互聯網加・跨界為王」（2017.01.12）：

互相表裡虛實合，聯通萬象動山河；
網羅天地三聲笑，加減乘除豈磋砣！
跨山壓海勢磅薄，界碑難測興帝國；
為營設壘各稱王，王師歸來奏凱歌！

商總演講〈九本人脈資源存摺與經營〉，同賀歐大ＤＢＡ許臻家珠寶社群成立。勉嵌「人脈亨通・資源廣進」（2017.11.09）：

人歡馬鳴紅塵笑，脈絡互連相纏繞；
亨嘉一會人精彩，通達九天步步高！
資深望重曲低調，源頭活水春意鬧；
廣結良緣常為善，進退八方樂逍遙！

赴 Baby Boss 講授〈驚喜服務〉，悟嵌「職業體驗・虛實有趣」（2015.10.13）：

職分萬千無貴賤，業種有別卻相聯；
體悟感通身心意，驗收成果齊歡喧！
虛擬城市任意門，實做巧學共勤勉；
有感童真常驚喜，趣味遊嬉愛流連！

主持海外事業投資與經營座談，悟嵌「萬難不退・淬煉成鋼」（2015.10.18）：

萬般輾轉起狼煙，難關遍處溝壑間；
不辭江湖風霜苦，退此半步多凶險！
淬火烈焰焚祭天，煉鍛千錘龍泉劍；
成就霸業鞘長鳴，鋼柔繞指不等閒！

為物流集團高管講授〈問題決斷力〉，勉嵌「智珠在握・乾綱獨斷」（2015.11.17）：

智隨慧轉觀陰陽，珠彩爭輝照萬方；
在情論理三折衝，握算先機上廟堂！

乾坤借法思無疆，綱紀倫常有主張；
獨領風騷排眾議，斷論議決敢擔當！

赴上市通運物流集團講授〈敢在虎口搶單〉，勉嵌「貨暢其流．通路為王」（2016.06.05）：

貨殖百家妙經營，暢旺四海憑機警；
其應如響隨客意，流星掣電爭輸贏！
通都大埠多跨境，路遙道險滿斗星；
為時發皇佈網羅，王師縱橫有神靈！

上市物流集團講授〈策略方針與執行力〉，勉嵌「山隆通運．策略落地」（2016.08.26）：

山巔海角佈網羅，隆情盛意迎巨客；
通商惠市貨暢流，運籌演謀不蹉跎！
策馬飛輿越關河，略不世出勝算多；
落子無悔一條龍，地藏萬物獻珍果！

物流集團講授〈創意發想服務創新〉，勉嵌「創意激發・驚喜服務」（2017.06.28）：

創建新局志昂揚，意出望外翻天響；
激蕩江湖都不器，發皇更待妙思量！
驚艷異彩閃靈光，喜捨慈悲為客狂；
服膺拳拳在體驗，務本踏實出將相！

台南柳營江南度假村，為跨國飼料肉品集團講授〈客訴處理〉，勉嵌「抱怨鑠金・敏捷預應」（2017.04.27、28）：

抱懷虛谷引視聽，怨聲雜音辨分明；
鑠石成流深幾許？金玉齊鳴誠則靈！
敏思慎行藏衷情，捷徑先登點將兵；
預防思患多籌謀，應變妙方爭太平！

受邀任企業學習基金會董事，勉嵌「翻轉教育・積健為雄」（2015.11.26）：

翻掀藩籬闖新路，轉型應急握智珠；
教化潛移相砥礪，育才賦權勸讀書！

積累慧智創分殊，健體強魄奠基礎；
為學進德勤思省，雄圖不遠爭勝出！

跨國數位企業講授〈團隊領導〉，勉嵌「跨界團隊・權變領導」（2015.12.05）：

跨步全球展雄圖，界分百業佈通路；
團夥拼搏力扛鼎，隊部籌謀勝孫吳！
權宜算計精調度，變化實虛藏歧途；
領袖八方情義聚，導迎先鋒勝無數！

赴陽明山為台銀主管講授〈危機議題管理〉，勉嵌「草山霜冷・寒梅初綻」（2016.01.22）：

草偃霧重視蒼茫，山勢縹緲各跌宕；
霜雨如割破千樓，冷眼樓台多惆悵！
寒氣盤桓繞舊莊，梅萼遒勁有主張；
初雪豈僅添顏色？綻吐滿園撲鼻香！

赴陽明山為台銀襄副理班講授〈危機應急管理〉，勉嵌「防微杜漸・應變有方」（2016.10.18）：

防患未萌定羅盤，微察秋毫計多端；
杜門晦跡觀萬象，漸近循序破險關！
應時對景勤廟算，變局蠡測各轉輾；
有觸即發神猶助，方寸萬重共肝膽！

赴陽明山為台銀主管授課並欣賞山櫻綻放，勉嵌「野櫻橫斜・春情蕩漾」（2017.02.17）：

野鶴孤雲隨天光，櫻枝繁花藏幽香；
橫峰側嶺跌宕處，斜行飛雁任遨翔！
春華秋實費思量，情懷忐忑上高崗；
蕩蕩繽紛看錦繡，漾漾勝景人惆悵！

整理教材〈商圈經營與精耕技巧〉，悟嵌「商圈深耕・近悅遠來」（2016.04.07）：

商戰鏖鬥遍狼煙，圈地為王難霸天；
深根椿腳蛇吞象，耕雲播雨客流連！

近水樓台種福田，悅義相隨莫遲延；
遠傳聲名天酬勤，來往嘉賓俱歡顏！

與PMI（國際專案管理協會）陳理事長威良，談學程合作，喜迎夥伴。勉嵌「策略結盟・利益共創」（2016.02.24）：

策謀深慮闢王道，略勝諸葛藏機杼；
結夥豈辭因險巇，盟約相契破阻撓！
利澤眾生多觀照，益損興革存高妙；
共擘駿業增視野，創發新猷盡風騷！

赴科技集團講授〈動態競爭與破壞創新〉，並有感「鴻夏戀」，自嵌「動態競爭・出奇求勝」（2016.03.17）：

動靜虛實勤佈署，態勢詭譎廟算數；
競局逆轉乾坤變，爭霸江山誰服輸！
出征揮鞭盡逐鹿，奇陣巧計猶龍虎；
求得將帥連環炮，勝軍浩蕩勢破竹！

赴高雄為企業集團主官百人講授〈逆境求勝〉，勉嵌「逆境商數・敗中求勝」（2016.05.15）：

逆水行舟掀波瀾，境遷事移千里還；
商量與誰天可憐？數往知來爭逆轉！
敗績失據存肝膽，中原逐鹿揭義竿；
求全若毀憑生聚，勝略橫出求一戰！

赴董事長 CEO 會談學習即第一競爭力，勉嵌「知識煉金・智慧聯網」（2016.08.11）：

知來鑑往觀萬象，識見索隱智慧藏；
煉鐵為鋼鍛尖鋒，金石常開爭富強！
智謀佈陣馳商場，慧眼獨具敢破框；
聯通應物虛實合，網羅脈動勝無疆！

赴冠軍建材春訓講授〈藍海創新邁向卓越〉，與林董諸高管幹部共勉，勉嵌「蛻變精進・開疆拓點」（2017.02.09）：

蛻故孳新氣如虹，變法圖強化飛龍；

精兵簡政多賦能，進善推賢鳴響鐘！
開枝散葉百花紅，疆場馳騁疾如風；
拓土盤據成獨家，點兵遣將敢稱雄！

赴汽車集團講授〈二代接班企業轉型實務〉，勉嵌「接班承傳・創新精進」（2017.08.15）：

接葉添枝紮根生，班功論序事竟成；
承上啓下天酬勤，傳道授業學智能！
創制開基展鵬程，新機勃興志成城；
精實務本物聯網，進銳退速與天爭！

赴石化集團高中基層培訓，啟動第一堂課，回應國材副總開訓精采導言。勉嵌「教導有方・人才培育」（2017.09.10）：

教誨多術傳幫帶，導正視聽入職涯；
有案可稽勤砥礪，方圓規矩上高臺！
人中龍鳳騁其懷，才情器使自安排；
培植給力各競秀，育德養士爭精彩！

赴敦南科技集團為中高階主管，講授〈企業競爭與創新〉，以區塊鏈應用產業創新為例。勉嵌「競爭優勢‧價值創新」（2018.05.12）：

競異標新意想外，爭奇鬥智增精彩；
優勝劣敗生態鏈，勢如破竹逞雄才！
價等連城智慧財，值比金玉壯我懷；
創意勃發變革亟，新猷丕展奔藍海！

到千億集團講授〈產業趨勢商機分析〉，將產業分析工具套路整合。勉嵌「產業商機‧跨界共榮」（2018.05.15）：

產銷生態價值網，業專藝精逐疆場；
商機結盟應猶是，機鋒盡出逞狷狂！
跨山壓海志昂揚，界外聯珠競發想；
共枝別幹能得意，榮景殊勝爭輝煌！

千億集團高管班，講授〈勞資爭議與談判協商策略〉，勉嵌「攻防有道‧創造雙贏」（2018.07.19）：

攻心扼吭勤籌謀，防微慮遠護山河；
有的放矢多折衝，道義相挺莫蹉跎！
創發新裁破網羅，造端倡始生萬佛；
雙收名利損益計，贏金一經修正果！

赴西華飯店為將捷集團講授〈十年願景共識與策略發展〉，向創辦人林長勳總裁前瞻眼光、人文胸懷致敬。效嵌「美感經濟・健康永續」（2018.09.01）：

美倫華廈連雲天，感遇忘身擔鐵肩；
經緯萬端精實亟，濟世多方聚群賢！
健馬鮮車著鞭先，康莊家業璧相聯；
永志不忘悲願在，續短絕長種福田！

赴將捷建設集團「願景與策略共識營」，講授〈一條龍戰略地圖與策略方案〉。勉嵌「龍騰虎躍・長青永續」（2019.02.23）：

龍生九子競遨翔，騰飛天地共聯網；
虎嘯風生願景在，躍馬彎弓射太陽！
長計遠慮敢發想，青雲雅築勘萬象；

永矢雄圖生態系，續絕存亡出將相！

赴將捷集團授〈願景・變革〉課，並祝滬尾文創園區營運成功，將捷一條龍價值鏈集大成，為此OT案為國內標竿傑作。另，近兩年來，范揚松參與並協助林長勳學長三姊弟二代接班，進行轉型升級輔導，已發展出一條龍建築產業價值鏈。勉嵌「滬尾文創・綠色永續」（2019.08.30）：

滬江雅築霞滿天，尾首聲應山海連；
文采風流殊勝景，創業垂統向鋒巔！
綠鬢朱顏賽神仙，色授魂與意翩遷；
永世無窮歡喜趣，續絕發皇客萬千！

完成寶成集團個案PPT：〈鐵血公主蔡佩君接班歷程與興革挑戰〉，女兒接班又一成功典範，寶成寶勝裕元市值飆漲！讚嵌「鐵血公主・雙軌變革」（2019.02.14）：

鐵馬金戈赴疆場，血染風采繼興亡；
公聽並觀知凶險，主張獨出敢擔當！

雙管齊下濟短長，軌共轡連互聯網；
變化魚龍爭精益，革故鼎新照彩光！

赴書田醫院為醫師護理月例晨會演講，翻轉醫療開創新藍海，葉春興兄邀約，並祈醫療業轉型升級為健康照顧產業。勉嵌「懸壺濟世・金針度人」（2019.08.15）：

懸腸掛肚救潰傷，壺中日月斷陰陽；
濟危扶亂能醫國，世繼其美創新章！
金玉錦銹志昂揚，針穿線引致健康；
度功論德振奮亟，人間菩薩愛無疆！

范揚松輔導美容產業十年有成，悅嵌「高山植物・純淨美肌」（2019.09.24）：

高崖深谷日月光，山清水秀照千江；
植善有益身心靈，物華天寶妙解方！
純一無邪遠飄香，淨土在懷行無疆；
美意延年風華甚，肌理透白勝金妝！

赴台灣港務集團講授〈趨勢思考創新〉，高雄北返有感。嵌「審時度勢・翻新藍海」（2015.06.16）：

審察天文窮碧落，時移境遷詭難測；
度量損益求願景，勢有機變多轉折！
翻轉思維勤探索，新猷激迸湧江河；
藍空不辭天地寬，海天齊色共砌磋！

第三章 講學神州爲謀祖國大發展

兩岸開放後，心懷祖國的詩人兼企業家范揚松，迅速把他的事業向祖國大陸發展，當然也為祖國開放之初，必須儘快提升各類工商企業的管理人才。因此，范揚松數十年來，幾乎是神州大地走透透，為各大小公私團體，講授他的企業管理之現代專業知識。

大約二〇〇七年前後，他的「歐大」成立，他以「亞洲區歐大校長」的身份，在深圳也成立了MBA、DBA班，為祖國大地培養不少碩博士專業人才。如今祖國的崛起、強大，范揚松予有功焉，他在祖國的「講學行旅」詩作，為數極多，本章舉其部分以見行腳之一斑。

誌兩岸職業經理人高峰論壇，勉嵌「專業為本‧全能發展」（2015.04.29）：

專研深究仰彌高，業師砌磋多視角；
為山九仞功無匱，本事積漸領風騷！

全職歷練悟絕竅，能文允武劍出鞘；
發願除盡萬難事，展露崢嶸施拳腳！

力促兩岸合作教育科技產業，勉嵌「優勢互補・翻轉教育」（2015.08.10）：

優遊四海疾蹄奔，勢壯九州志長伸；
互聯專擅增精彩，補闕勝天夢成真！
翻新框界功底深，轉旋法輪如有神；
教養千萬雲科技，育作英才舞繽紛！

與深圳 **MBA** 老同學酒敘話當年趣聞，並回應劉凱校長。歡嵌「青春有夢・醉酒當歌」（2016.03.12）：

青枝橫斜花吐艷，春華秋實霜滿天；
有朋砌磋更論辯，夢醒驚覺又十年！
醉語臧否狂亦狷，酒聚豪情興觀怨；
當年俠儒已崢嶸，歌舞婆娑倚長劍！

迎來自北京的企業家群，參與歐大碩博班課程。勉嵌「共學參訪・商機遍地」（2015.11.21）：

共讀砌磋在寶島，學無止境仰彌高；
參悟尚待俱機緣，訪察慎微方得竅！
商海詭譎多狂濤，機關算盡難逍遙；
遍種福田長知識，地載萬物互搭橋！

赴上海講授〈大客戶策略銷售〉，悟嵌「謀定高管・智取大單」（2015.08.04）：

謀局佈陣思全程，定製宏圖破莒城；
高手過招勢凌利，管通八達絕處生！
智求多福互得勝，取捨有據信可徵；
大款競逐因利害，單單落袋賀喜聲！

賀深圳碩士班同學大展身手，成就不凡。慶嵌「青出勝藍・各個崢嶸」（2016.08.01）：

青春猶伴讀書聲，出將入相鬢霜增；
勝算在胸不猜想，藍海另闢眾成城！
各顯風華與天爭，個中翹楚諸事成；

崢嶸山嶽觀日月，嶸景常在飛鵬程！

慶賀兩岸學者詩人詩集首發筆會成功，勉嵌「桐花客韻・筆會交輝」（2016.08.04）：

桐雪繽紛正風華，花枝春滿猶彩畫；
客寄天涯同明月，韻遠盤旋入萬家！
筆勢龍蛇恣橫斜，會論鵝湖觀天下；
交鋒何必煙硝起，輝映紅顏詩酒茶！

與深圳諸校長專家論學童教育，就教羅、劉校長並感謝設宴款待。悟嵌「因才施教・全人不器」（2017.04.09）：

因緣果報自流轉，才情稟賦始善端；
施受雙融喫茶趣，教導多方同肝膽！
全般觀照道相傳，人文科研向前瞻；
不辭多元知情意，器能大用各專擅！

與兆安集團溫主席海邊莊園論哲學思辯，並感恩張果寧博士安排與參與。

勉嵌「無盡江山・英雄論劍」（2017.04.11）：

無極道貫尋三易，盡得奧妙存天地；
江楓漁火景殊勝，山巔海陬非凡比！
英聲茂實迎風起，雄才大略計驚奇；
論辯爭輝放膽去，劍花飛舞逞一擊！

與溫兆安、蔡慧玲等十人座談會，論企業經營與社會責任實踐。勉嵌「厚德載物・教育英才」（2017.05.17）：

厚積薄發雲遠颺，德澤恩弘滿祥光；
載道社企多慷慨，物理人情猶發皇！
教無常師學相長，育德果行智慧藏；
英雄所見各殊勝，才高識廣逞狷狂！

讚溫兆安主席擬企業興學辦德商學院，勉嵌「道高益安・德才配位」（2017.07.27）：

道山學海萬里路，高志存遠出塵俗；
益利眾生砥礪甚，安邦扶危勝浮屠！

德行天下赴征途，才高識廣勤讀書；
配套成龍飛在天，位極人寰破真如！

與溫兆安、朱甌、吳明興，鼎談兩岸競合，勉嵌「競合雙贏・資源共享」（2018.05.31）：

競局籌謀聚群賢，合縱連橫劍倚天；
雙龍搶珠大灣區，贏計操奇奮爭先！
資深望重真卓見，源頭活水種福田；
共賞絕景翡冷翠，享宴歡聲動九天！

與深圳青年總裁班論陰陽合抱、奇正互用，轉赴山東講學旅次。悟嵌「大破能立・虛實相成」（2017.04.17）：

大馬金刀迎搏戰，破局逆轉歷艱難；
能謀善斷快準狠，立壁千仞同肝膽！
虛懷藏針闖天關，實逼處此上梁山；
相爭何妨用競合，成王敗寇付笑談！

為深圳企業界主管班講授〈華為狼文化與打造精銳團隊〉，勉嵌「狼性團隊‧智勝稱王」（2017.10.15）：

狼嚎千里嘯蒼穹，性情黠狡各盡忠；
團夥攻守快準狠，隊魂義魄雪染紅！
智圓行方驚疾風，勝負籌謀探囊中；
稱孤道寡事難成，王者歸來立戰功！

赴深圳華中授課，並與EMBA歡聚，與華中科大同學吃驢肉飲佳釀。勉嵌「鵬城新友‧情深義重」（2018.01.14）：

鵬飛千里遠鄉關，城樓高眺競千帆；
新朋滿座可慷慨，友諒多聞直尋歡！
情懷猶烈真肝膽，深淺因緣好讚嘆；
義薄九天爭風采，重巒疊翠豈一般！

與第一屆USQ、MBA深圳校友餐敘，中港澳台校友齊聚祖國，盛情感人。悟嵌「桃李春風‧千巖競秀」（2018.01.15）：

桃紅初綻喜眉梢，李花飛白迎風騷；

春潮拍岸不驚心，風采翩翩誰吹簫？
千里聚散情懷抱，巖峻嶺翠自嬌嬈；
競逐江山殊勝處，秀麗晴川出英豪！

深圳華中科大授課旅次，與上海凌總暢談區塊鏈與教育平台發展。勉嵌「區塊鏈結・平台致勝」（2018.03.24）：

區宇一清互聯網，塊磊在胸勘萬象；
鏈成加密創新幣，結彩懸燈敢主張！
平地雲端掀狂浪，台築士募逐疆場；
致遠任重三思甚，勝算籌謀爭富強！

在華中科大EMBA講授〈競爭策略與獲利配方〉，思路決定出路，企圖決定版圖。悟嵌「策略洞見・破框跨界」（2018.03.25）：

策謀造勢逐願景，略勝多籌聚群英；
洞察理外商機妙，見識成慧競輸贏！
破釜沉舟鑼鼓鳴，框條突圍破曉明；
跨山越海折騰甚，界外春光任豪情！

杭州參加首屆區塊鏈論壇並發表專題，六百人峰會順利成功。勉嵌「加密聯結・群雄逐鹿」（2018.04.29）：

加鞭快馬天下先，密計細鏤區塊鏈；
聯網分布不磨滅，結碼記事憶萬年！
群英齊聚舞長劍，雄才馳騁浪頭尖；
逐潮犯劍杭州灣，鹿死誰手敢問天！

參加杭州首屆區塊鏈論壇，圓滿成功，歐大與沃特商學院締結策略夥伴。悟嵌「鏈結共識・誰與爭鋒」（2018.04.30）：

鏈結數字聚八方，結緣杭城開氣象；
共議財經砌磋甚，識微知著正發皇！
誰入幣海襲猛浪，與時奮進搏短長；
爭分奪妙區塊鏈，鋒發韻流話鏗鏘！

深圳講學得三首藏頭詩。其一華中科大總裁班旅次，回應詩家方飛白對曹師名筆相贈餞別。勉嵌「縱手放意・天機難逢」（2018.05.26）：

縱橫捭闔逐風塵，手胼足胝與天爭；

放歌盡歡猶青春，意氣風發赴征程！
天寶物華夜明燈，機變錦囊妙法生；
難遇百年奇女子，逢舟絕渡劍相贈！

其二深圳旅次悟談茗茶沉香與禪，與華中科大學友談生涯轉折與情調抉擇。勉嵌「繁華若夢・衷懷莫忘」（2018.05.27）：

繁弦急管百鮮嚐，華星秋月好茶湯；
若水三千一瓢飲，夢裡乾坤過千江！
衷曲婉轉盪迴腸，懷抱瀟灑任徜徉；
莫道為伊人消瘦，忘機江湖醉沉香！

其三與深圳 MBA 企業家校友暢談企業興衰與演化，與姚成彭博等酒敘福青龍。悟嵌「業競天擇・逆轉勝出」（2018.05.28）：

業峻鴻績新物種，競發千帆各異同；
天地不仁潤無聲，擇善演化勢猶龍！
逆風撐船氣恢宏，轉輾征途多變通；
勝算籌謀定數在，出將入相敢爭鋒！

赴深圳為歐大MBA、DBA授課，撰藏頭詩三首。其一應MBA劉天佳邀請，為惠州南昆山居溫泉酒店提詩，讚嵌「南昆山居・歲月靜好」（2018.11.10）：

南面百城迎飛霞，昆崙球琳景猶畫；
山水雅築溫泉浴，居養移氣獨一家！
歲轉時移幾春夏，月湧千江影橫斜；
靜定安慮得究竟，好夢弦歌盡風華！

二〇一九年二月六日註：這首詩和釋文，已印製為該酒店文宣品，放置各客房。該酒店景色旖旎，設施齊全，真度假休憩好所在。

其二登深圳前海大鏟島，為法國高等商學院MBA班講授〈策略創新競爭〉。勉嵌「大鏟文旅・明珠樂土」（2018.11.11）：

大浪淘沙零丁洋，鏟舊謀新好篇章；
文成化育興基業，旅食海角更拓荒！
明察暗訪探幽鄉，珠還合浦任徜徉；
樂不思蜀農家好，土扶成牆野菜香！

其三與歐大 DBA 李永杰砌磋博論思路及策略聚焦。悅嵌「商模創新・協同演化」（2018.11.12）：

商戰逐鹿起鋒煙，模山範水競著鞭；
創見獨裁勘智業，新硎初試爭前沿！
協契戮力聚因緣，同聲相應多資源；
演繹平台生態系，化育興業敢為先！

赴深圳道格拉斯商學院授課，得詩三首。其一與前清華實驗學校劉凱校長、DBA 彭博暢論天賦教育。勉嵌「發現天賦・造就英才」（2018.12.29）：

發靭根由童蒙起，現身説法妙譬喻；
天生我才大有用，賦能當責做自己！
造境多元自天啓，就本溯源各相濟；
英姿勃發崢嶸甚，才情縱橫成大器！

其二授課於香港科技大學產學基地，與企業家砌磋「策略與平衡計分卡」。勉嵌「願景先行・策略落地」（2018.12.30）：

願力高懸照千江，景星羅布應萬象；

先見則明著先機，行者無疆破高牆！
策謀江山入廟堂，略勝多疇出奇想；
落子無悔爭日月，地藏萬物基業長！

其三與深圳教授群年終餐敘，暢談家族企業接班危機與相關課題，范揚松主談「排班輪班交班換班接班當班領班」七部曲。悅嵌「擇賢任能・基業長青」（2018.12.31）：

擇優掄才論接班，賢愚甄別試肝膽；
任免猶仗績效甚，能文允武闖通關！
基深柢固代相傳，業峻鴻發定江山；
長鞭擊空創新猷，青春不老更翻轉！

赴華中科大 EMBA 班，講授〈策略 SWOT 與平衡計分卡整合〉，策略方案整合成 BSC 四構面戰略地圖。勉嵌「推演命盤・胸懷大略」（2018.09.09）：

推敲縱橫精妙算，演繹陰陽出方案；
命無定數四箭飛，盤馬彎弓闖天關！
胸羅萬象驚波瀾，懷抱願力計連環；

大軍將行點將在，略勝多籌奪江山！

赴香港科大產學基地，為英國道格拉斯商學院 MBA 班講授策略課。勉嵌「烽火貿易・危機突圍」（2018.12.28）：

烽煙狼竄引塵爆，火燃通天死裡逃；
貿稅壁壘凶猛亟，易變陰陽孰有道？
危迫利誘美國佬，機鋒畢露屠龍刀；
突困救援策略謀，圍城勘破劍出鞘！

赴廣東惠州深圳講學，得藏頭詩四首。其一、惠州南昆山居溫泉酒店授課，有感三百公頃園林樓閣設計之美，並賀歐大 MBA 劉天佳任 CEO，專業經營成果令人驚喜。勉嵌「園林勝境・洞天福地」（2019.03.21）：

園庭春暖樹參天，林籟泉韻鳥鳴澗；
勝景雅築南昆山，境界橫生有神仙！
洞見通幽湧湯鮮，天寶物華滿福田；
福至心靈吉人居，地利厚生非等閒！

其二讚歐大劉天佳績效卓著，新任惠州南昆山居酒店集團經理，天佳夫婦異地相互扶持，事業有成。勉嵌「築夢踏實・江山有待」（2019.03.22）：

築壇拜將志恢宏，夢裡乾坤東方紅；
踏盡鄉關終不悔，實與有力人中龍！
江湖日遠登高峰，山居歲月展神功；
有鳳來儀春晴好，待時藏器破長空！

其三、武漢文創大師陳良心教授，將范揚松詩作數首撰行草墨寶相贈，陳教授任教美院，長年從事文創園區之空間規劃和美學營造。悅嵌「龍蛇驚鴻・鬼斧神通」（2019.03.23）：

龍馬奔騰椽筆妙，蛇行江湖恣逍遙；
驚膽潑天藏詩賦，鴻飛千里逞風騷！
鬼哭狼嚎復長嘯，斧鑿磅礡引墨濤；
神珠入懷競錯落，通融三界醉狂草！

其四、歐大深圳MBA校友姚成，創業成全球隱形冠軍並回饋員工三百套購房首付，他致力幸福企業，並設翡翠灣會所款待各路豪傑。讚嵌「倚天既出・

誰與爭鋒」（2019.03.23）：

倚馬千言刀劍寒，天羅地網破險關；
既往不咎血和恨，出將入相翡翠灣！
誰吾同歸赴艱難，與善同行壯好膽；
爭是仗義陶朱訓，鋒芒顯露能聚散！

南懷瑾大師徒孫卓然成材，講學中外，易經名師葉勁君來訪談易學論文發表。勉嵌「易經探秘・卜筮正宗」（2020.09.01）：

易耨深耕斷陰陽，經綸濟世救偏亡；
探本窮源奧秘破，秘籍鈎元智珠藏！
卜測凶吉出萬相，筮短龜長求興旺；
正言拍案驚神鬼，宗文祖武言鏗鏘！

第四章 結構再解構：創新、創造、創意

范揚松是一個善於突破與創新的人，不論是他的企管專業或他的詩歌文學創作，都能看到他不斷進行著「大破壞」，再創造的行動軌跡。本章列舉以創新、創意為主要內涵的作品。

與培聯會長論教學創新，悟嵌「黑光若還・七多從潛」（2015.02.08）：

黑暗對話深體驗，光明分享兢爭先；
若謂學用識轉智，還得虹彩在心田！
七彩思維招招鮮，多元並用不相嫌；
從此師生勤翻轉，潛能盡出多創見！

應邀頒發創造發明獎，並與談「創新創業創富」論壇，勉嵌「創妙從勸・

電奧加算」（2015.03.09）：

創意翻轉鬼斧工，妙計騰湧道相同；
從來發明登天難，勸學萃思求事功！
電光霹靂滿天穹，奧秘獨創在我胸；
加減乘除微積分，算盡天機有神通！

創新妙法新運算，彰顯「范式創意思維」，悟嵌「加減乘除・微積分讚」（2015.03.10）：

加添新猷增效益，減省荷負精實力；
乘雲振翅飛跨界，除霾避害見驚喜！
微觀校閱莫遲疑，積漸累進創新機；
分秒聚斂求啊哈，讚嘆七彩顯神蹟！

赴上市集團講授〈策略與變革創新〉，「藍海」創新策略規劃之運用，勉嵌「紅風羅競・佈陰敢革」（2015.04.24）：

紅海凶險鼓驚濤，風雲逆轉藏暗礁；
羅盤在胸觀自在，競合藍海任逍遙！

佈陣謀局廟堂高，陰陽互變求機巧；
敢將基業乾轉坤，革故鼎新看今朝！

赴商總講授〈藍海創新策略〉，再論「藍海思維」。勉嵌「藍海創新・業績倍增」（2015.05.06）：

藍天覆地多亂途，海市蜃樓象吞肚；
創思聚斂求明師，新猷勘破加減除！
業績酬勤佈通路，績增效漲有神助；
倍力攀頂會虛實，增添險峰變無數！

詩勉發明王學藝再精進，即席回應詩作，悟嵌「創新研發・學識為本」（2015.05.18）：

創意狂灑萬箭發，新猷獨贏利天下；
研深究竟有心法，發功勤練成大家！
學知不足自省察，識見智明慧無價；
為學九仞功不匱，本立道生滿樹花！

對飲品企業界講授〈品牌經營與創新〉，勉嵌「活化品牌・再創生機」（2015.06.06）：

活路暢旺通任督，化險萬安先自助；
品字眾口傳佳話，牌令高懸德不孤！
再戰風雲遠征途，創價新猷展雄圖；
生息不墜求長青，機關盤算要勝出！

申論范氏創意創新私房料理，創新口訣詩作，悟嵌「創九啟啊・先增斟微」（2015.06.20）：

創意激湧廣而深，九宮心智妙成真；
啓承轉合見虹彩，啊哈驚嘆開腦門！
先除後減降成本，增添顏彩色相乘；
斟酌酸辣鮮滋味，微波積漸慢火烹！

誌謝陳龍安教授籌組「創造力師資社群」，勉嵌「變化多端・引人入勝」（2016.05.29）：

變易不居縱橫斜，化境妙有氣昇華；

多聞博洽學廟算，端點突圍驚啊哈！
引領攘袂遍繁花，人間天上一盞茶；
入懷明月嘆歡喜，勝景桃源愛獨家！

赴歐大碩博班講授〈競爭優勢與破壞創新〉，勉嵌「持續破壞・長保優勢」（2016.08.20）：

持盈保泰事難期，續絕存亡救危機；
破壁飛龍遊九天，壞法奪框步步奇！
長安棋局藏詭計，保境息民興百利；
優賢揚歷多俊彥，勢焰熏天敢匹敵！

赴歐大碩博班講授〈商業模式與創新〉，悟嵌「資本奇蹟・獲利配方」（2016.09.26）：

資深望重謀新盤，本益求利精妙算；
奇貨可居藏心法，蹟遺風流不言傳！
獲隴望蜀豈簡單？利潤厚生翻十翻；
配套機巧飛成龍，方圓萬里盡終南！

赴渴望園區為高科技主管講授〈藍海創新〉專題，勉嵌「藍海創新・航向永續」（2016.11.21）：

藍縷篳路歷百劫，海涵地負遍輿學；
創見多端長劍舞，新裁獨攬雲中月！
航海梯山迎霜雪，向上為善尋妙解；
永不放棄做唯一，續絕存亡成霸業！

歐大碩博班講授〈商業模式設計與創新〉，重編教材設計新活動，勉嵌「商模再造・獲利倍增」（2017.03.18）：

商羊鼓舞驚遽變，模山範水揮千劍；
再起風雲機心巧，造端倡始可逆天！
獲眾摧堅避凶險，利澤厚生種福田；
倍道兼進效益多，增葉添枝花紅艷！

赴電信集團總部講授〈創新商業模式設計〉，向鄭優董座致意並謝贈好茶。

勉嵌「取精用宏・平地驚雷」（2017.04.22）：

取將搴旗逐中原，精兵勁旅敢為先；

用智巧妙籌謀甚，宏圖偉業搏九天！
平川風雲詭譎變，地載萬物爭資源；
驚心猶是計連環，雷霆轟頂直摧堅！

職訓中心講授〈粉絲經營與破壞性創新〉，逆反思考創新獲利模式。悟嵌「造反有理．破壞為王」（2017.05.11）：

造極登峰逆思想，反轉乾坤變陰陽；
有無虛實機心巧，理極智盡出彩光！
破壁橫空勘萬相，壞法毀紀石敢當；
為謀新猷奪日月，王謝風流豈尋常！

賀發明家協會頒發創新發明獎大會成功，應田寶伍理事長邀任頒獎人。勉嵌「發明致富．智業長青」（2017.02.27）：

發曚振聵破天驚，明若觀火顯神靈；
致遠任重無為有，富貴利達更揚名！
智盡能索奮不停，業精藝熟出群英；
長風破浪逐商海，青山不老馬嘶鳴！

誌撰商模設計與創造新序，與國雄博士合著新書，悟嵌「破壞創新・獨佔價值」（2017.03.27）：

破釜沈舟擊乾坤，壞法跨界出南君；
創發商模翻轉力，新裁橫出更逢春！
獨領風騷敢稱雄，佔風使帆聚社群；
價可連城配方妙，值抵萬金破千軍！

歐大碩博班講授〈生產力與流程創新〉，勉嵌「流程創新・長保優勢」（2017.05.21）：

流向轉輾速聯結，程序發靭始察覺；
創意多方快狠準，新造氣象驚百岳！
長風破浪千堆雪，保泰持盈奮不懈；
優游涵泳實虛合，勢不可擋爭歲月！

誌將萃思 TRIZ40 原理，整合為創新八法，創〈新八法教材〉。悟嵌「加減乘除・微積反轉」（2017.05.29）：

加枝添葉引蜂蝶，減從輕騎奔極野；

乘勢跨界春光好，除盡塵俗爭日月！
微察秋毫扶傾斜，積德累功愛不懈；
反敗求勝逆思維，轉戰千里破萬劫！

讀〈禪與創新〉導論，禪門公案有助創新教學。勉嵌「定慧悟道・轉身突破」（2017.07.02）：

定靜安慮得天機，慧見靈光神鬼泣；
悟得農禪觀壁去，道法自然學義理！
轉醒江河飛彩翼，身入絕境難自棄；
突圍竿頭更啊哈，破譯妙有常驚喜！

赴上市企業集團為高管講授〈藍海創新與業績成長〉，勉嵌「績效奪標・策略先行」（2018.08.12）：

績謀妙算向藍海，效命沙場出別裁；
奪胎換骨實有虛，標新競異逞雄才！
策馬飛輿雲天開，略勝多籌志滿懷；
先馳得點商機亟，行兵佈陣準狠快！

應邀標竿企業中菲行參訪，並講授〈藍海創新與價值競爭〉，勉嵌「全球運籌・利通四海」（2018.09.13）：

全心以赴廣積糧，球圖跨界貨暢旺；
運策決機千里外，籌謀產銷競聯網！
利澤夥伴勤商量，通關密語共輝煌；
四方物流大人物，海角天涯中菲行！

赴商總專題演講，談〈從邊緣觀點破解韓流旋風〉，聲量轉化創意。勉嵌「邊緣競爭・即興敏捷」（2018.12.06）：

邊塵烽煙決網羅，緣情體物妙言說；
競逐聲量風雷動，爭分奪秒撼山河！
即刻回擊迎戰歌，興兵起義霹靂火；
敏行串聯敢變天，捷報價響萬家鑼！

赴國立教育電台藝術館，講授〈創新思考與問題解決〉，注入新思路與妙方。勉嵌「教育有方・藝術無價」（2019.08.06）：

教導諄諄愛相隨，育德果行不曾悔；

有聞視聽千里傳，方與未艾開智慧！
藝德雙馨博覽會，術業精妙共與誰？
無窮奧秘丹青史，價比連城不忍歸！

赴歐大碩博班，講授〈商業模式創新設計與競爭優勢〉，智財精彩課程。勉嵌「獲利設計・智財攻防」（2019.08.17）：

獲丑摧堅爭市場，利用厚生調配方；
設局有謀佈新陣，計無遺策妙錦囊！
智盡能索競開創，財運亨通入寶藏；
攻城略地法無盡，防微慮遠更發皇！

赴歐大碩博班，講授〈市場生命週期與十五項創新策略〉，精采六十餘案例。勉嵌「翻轉行銷・持續創新」（2019.10.19）：

翻江倒海驚波瀾，轉戰市場勝標竿；
行師動眾勘周期，銷魂引魄搶大單！
持盈保泰千里還，續長絕短代相傳；
創價商略出別裁，新標領異奪江山！

初二讀創新好書，並緬懷破壞式創新大師哈佛克里斯汀生教授，於元月廿三日癌逝。勉嵌「破壞創新．兩難解方」（2020.01.27）：

破釜焚舟金石聲，壞植散群求逆勝；
創見鋒發風潮起，新筍怒放與天爭！
兩部鼓吹信可徵，難能傳道志競成；
解惑授業大師在，方寸靈驗夜明燈！

第五章　各高等學府講經說法

范揚松講學的地方，可以說無所不在，海內外各高等學府也是他最常受邀講學的地方，留下許多「講學詩」。本章舉其少許，以窺其講學行旅之一斑。

赴國家文官學院講談〈升等教學評量〉，勉嵌「拔擢英才・選訓合一」（2015.07.01）：

拔地千丈高瞻遠，擢登星宿因有賢；
英雄何問出身處，才能器使撐柱天！
選徵接班把關嚴，訓勉精熟度凶險；
合力跨域應抱團，一舉攻頂敢為先！

赴法官學院講授〈問題分析與解決〉，勉嵌「主持正義・依法論斷」（2015.08.15）：

主導視聽見觀瞻，持平論衡揭弊端；

正氣凜凜驚鬼神，義所當為敢判官！
依循義理相責難，法條紛陳有千萬；
論辯析理求曲直，斷案慎猶爬刀山！

赴中經院為集團高管講授〈價值藍海〉，勉嵌「棋局莫測・價值領導」（2015.10.16）：

棋佈星羅藏驚險，局移勢遷轉瞬間；
莫道英雄常氣短，測蠡難安猶恨天！
價比萬金發宏願，值此一家獨爭艷；
領袖群芳增姿彩，導引風潮拼前沿！

赴中經院講授〈策略平衡計分卡〉運用，悟嵌「策略前導・動態平衡」（2015.10.23）：

策馬入林擘鴻圖，略勝三籌辨分殊；
前景渾沌多魍魎，導引視聽赴征途！
動靜陰陽常相輔，態勢虛實探有無；
平滌陰霾龍在天，衡境長短見功夫！

赴社大演講〈生涯轉折與詩創作〉，悟嵌「加減乘除・創意人生」（2015.10.29）：

加福添壽色香味，減棄煩憂樂相隨；
乘雲駕霧逍遙趣，除卻巫山不思歸！
創新求變轉千迴，意境高妙共排徊；
人間福報因緣聚，生死貴賤忍者龜！

赴國家文官學院高特考班，講授〈面對問題與解決方法〉，勉嵌「問題解決・巧用創意」（2015.11.24）：

問卜求神難預算，題破癥結理還亂；
解方嚴辨論因果，決策謀議應果斷！
巧思揣摩探底盤，用權衡度常翻轉；
創新跨界尋突圍，意外驚喜破難關！

赴國家文官學院，講授〈政策形成與決策力行〉，勉嵌「應變決斷・直覺智慧」（2015.12.30）：

應急解危詭難測，變局一瞬轉福禍；

決意揣度不逞勇，斷水截流真氣魄！
直觀韜略佈胸羅，覺知機微且琢磨；
智珠常握錦囊計，慧見洞徹志可奪！

誌參與國家文官學院課程研討，勉嵌「創新思考‧問題解決」(2016.06.08)：

創意揣與兢擴斂，新猷迸湧淨卓見；
思深慮遠不苟且，考究斟酌應勤勉！
問津出塞藏凶險，題壁盧山雲霧間；
解疑釋惑心有悟，決勝廟堂妙算先！

赴中央警官大學，講授〈組織變革與創新〉，謝謝鄉親章博士光明院長推介。勉嵌「翻轉思維‧教育革新」（2016.07.30）：

翻江倒海勢難擋，轉日回天互聯網；
思入雲端盡搜羅，維新咸與非尋常！
教無常師術多方，育德果行采眾長；
革故加減更乘除，新猷獨創最風光！

赴法官學院主管班，講授〈衝突管理與溝通〉，勉嵌「調解衝突・同舟共濟」（2016.09.10）：

調和鼎鼐煉火候，解劍因賢能拜仇；
衝冠怒髮難成事，突圍八方有勝籌！
同歸殊途謀高就，舟沈釜破不回首；
共赴艱難情慷慨，濟世豈言志未酬！

應邀法官學院訴訟輔導班，講授〈衝突管理〉，勉嵌「衝突調解・創造多贏」（2016.10.06）：

衝雲破霧窮碧落，突嘴努牙擊鼓鑼；
調和鼎鼐爭公義，解紛排難不蹉跎！
創意遣詞探因果，造車合轍施德澤；
多學博識添新猷，贏得妙策破網羅！

赴國立台藝大創研所博士班，講授〈體驗行銷實務〉，勉嵌「體驗行銷・驚喜感動」（2017.01.09）：

體會切身心門開，驗明如響出精彩；

行走坐臥春風暖，銷魂奪魄愛排徊！
驚鴻艷影上高台，喜逐顏開創新裁；
感慨激昂人氣旺，動靜有常情滿懷！

赴國立聯大演講，主題談〈論文思考與表達力〉，勉嵌「擷精用宏・錦繡文章」（2017.03.23）：

擷英採秀滿懷抱，精銳佈署識門道；
用詞遣句推敲苦，宏才高論入堂奧！
錦囊有計出絕招，繡花金針藏筆毫；
文思起承轉合多，章法大家盡得妙！

赴高雄第一科大演講〈生涯發展與學習〉，謝謝高科大李世聰教授邀約款待。勉嵌「逐夢踏實・終生道習」（2017.04.01）：

逐鹿中原赴長征，夢迴年少走馬燈；
踏遍鄉關多轉輾，實與給力與天爭！
終南捷徑膽邊生，生聚俯仰志成城；
道山學海有時盡，習藝跨界奔鵬程！

備課華中科大MBA總裁班，講題〈戰略競爭優勢〉，勉嵌「設計有道・盈利翻轉」（2017.04.05）：

設心積慮佈籌謀，計無遺策思慮周；
有無虛實陰陽變，道山學海渡扁舟！
盈科後進結盟鷗，利益天下佔鰲頭；
翻陳出新優勢在，轉海回天賺九州！

赴雲林科大總裁班，講授〈價值競爭八卦陣法操作〉，勉嵌「價值競爭・戰略逆轉」（2017.05.26）：

價比連城八卦陣，值此遽變嘆浮沉；
競異標新著先機，爭分奪秒如有神！
戰事策謀出轅門，略勝多籌廟算深；
逆天造勢千軍破，轉輾江山快準狠！

赴師大林口分校，為食品廠主管講授〈創新與變革〉，勉嵌「食安五環・開創商機」（2017.06.25）：

食案方丈珍饈味，安心食飲聞香醉；

五臟六腑都稱臣，環顧往復不忍歸！
開疆闢土戰千回，創發新猷傳口碑；
商略變法損益甚，機鋒盡出得精髓！

赴實踐大學研討〈消費商共享經濟模式〉，論嵌「消費王朝・共享經濟」（2017.08.03）：

消息盈虛客為先，費煞心機互網聯；
王師歸來自雲端，朝陽丹鳳在人間！
共為唇齒存宏願，享配分潤積福田；
經緯萬端大數據，濟世利民奮向前！

赴文官學院授課，憶黃俊英教授含冤莫雪，謝莒達提供許崑源質詢陳菊影片。感嵌「黃師冤辱・誰還公道」（2017.11.28）：

黃花晚節君子劍，師直為壯遭凶險；
冤沉未雪負屈死，辱門敗户天可憐！
誰識陳菊貌忠賢？還源返本問青天；
公門桃李爭義氣，道遠日暮憤鋤奸！

赴雲林科大EMBA總裁班，講授〈商業獲利配方〉，勉嵌「聚散有方・逐利中原」（2017.12.31）：

聚錦攢花飛落英，散綺餘霞皆風景；
有教陶朱十八訓，方圓規矩競業興！
逐機應變學精明，利用厚生暢貨行；
中流擊楫著先鞭，原始見終鏗鏘鳴！

參加國家文官學院「問題本位教學法」研討會，悅嵌「問題導引・迎刃能解」（2018.06.07）：

問十道百探索隱，題詩走筆辯分明；
導之聚散多反復，引經據典正視聽！
迎風招展神有靈，刃樹劍山奮前行；
能人異士得妙方，解民倒懸爭太平！

備課東吳・台企聯標竿業參訪，指導講授〈價值創新〉，勉嵌「創新矩陣・旋乾轉坤」（2018.09.07）：

創發興業變陰陽，新猷獨具中菲行；

矩破不器成方圓，陣馬風檣有主張！
旋踵急馳物聯網，乾龍在天八卦掌；
轉戰千里虛實合，坤載萬象爭輝煌！

應邀赴台北大學企研所校友會，演講〈大人物與跨界創商機〉，勉嵌「萬物互聯・跨界商機」（2018.09.25）：

萬網爭流浪驚濤，物我相融科技潮；
互為虛實大人物，聯通寰宇一指遙！
跨山越嶺譜新調，界外勝景多奧妙；
商略籌運區塊鏈，機鋒盡出逞風騷！

赴國家教育研究所，為國中校長主任講授〈會議主持與實務運作〉，勉嵌「集思廣益・籌謀決斷」（2018.12.05）：

集賢聚能開言路，思深慮遠入有無；
廣納異見斟酌甚，議論機鋒各勝殊！
籌劃江山佈藍圖，謀定後動猶神助；
決勝千里廟堂上，斷長續短得智珠！

應台北科大EMBA論壇邀講，講授〈敢在虎口搶大單：競爭性銷售策略與技巧〉，勉嵌「虎口奪單・創價取勝」（2020.11.10）：

虎穴龍潭劍出鞘，口傳心授引風騷；
奪胎換骨剛柔濟，單槍獨馬合氣道！
創發新略謀成套，價抵千金入堂奧；
取法陰陽奇正處，勝算在心競達標！

赴台北科大對企管碩博生，講授〈商聖范蠡財富累積策略與獲利模式〉，勉崁「聚散積累・財神顯靈」（2022.01.13）：

聚富有道師計然，散盡萬金去復還；
積厚流光雙聖在，累功行德定江山！
財疏義重度險關，神機籌謀精妙算；
顯微闡幽新王道，靈動陰陽更前瞻！

第六章　廟堂之上布衣爲將帥師

這南蠻小島雖然已成為台獨偽政權之篡竊地盤，尤其在妖女魔男主政下，也已成為美帝倭鬼之文化殖民地。而我等以中國人自居者，生於斯長於斯，也必須在此謀生，真是無可奈何！

幸好祖國已日漸強大，那美帝開始衰落，已對中國無可奈何！封不了、圍不住、不敢打，美帝慌了！這表示中國的統一不會太遠了！二〇二二、二三年之際，西方列強紛紛到北京朝聖，美帝不安啊！

本章有很多范揚松到「偽中央各部會」講課詩作，這些偽政權的偽單位，筆者都不承認。因此以下行文提到「偽中央」單位，都簡稱其名。

赴政院地研所講授〈訴願管理〉，勉嵌「聞過則喜・改善精進」(2015.07.23)：

聞聲探影查究竟，過錯何須爭輸贏；
則天順勢客為尊，喜捨慈悲撫未平！
改過即時理先行，善念曲直辨分明；
精誠所至陰霾開，進退有功萬里晴！

赴政院為簡任官講授〈決策執行〉，悟嵌「前瞻決策・落地執行」

（2016.05.03）：

前路輾轉多歧途，膽敢直觀視無睹；
決斷廟堂爭利害，策無遺算奪智珠！
落墨規矩勢破竹，地氣噴薄水窮處；
執銳披堅不曾悔，行者無疆勝無數！

赴政院高級人力主管班，講授〈創新致勝〉，勉嵌「加減乘除・微積勝出」

（2016.06.03）：

加枝添葉增精彩，減從輕騎迎花開；
乘龍跨鳳變無窮，除患興利見如來！
微顯闡幽聚江海，積功立業上高台；
勝卷穩操多算計，出謀畫策志滿懷！

赴政院地研中心講授〈顧客抱怨與處理〉，勉嵌「抱怨是金・攻心為上」

（2016.07.29）：

抱令守律做冬烘，怨聲蜂起因緣空；
是非曲直難論盡，金言玉語舞春風！
攻瑕指失情理通，心隨意轉覓芳蹤；
為山九仞功不匱，上善風光在險峰！

政院人發中心講授〈會議管理與運作〉，勉嵌「集思廣益・凝聚共識」（2016.10.07）：

集腋成裘采眾議，思深慮遠君不器；
廣納千川競鼓盪，益損斟酌總出奇！
凝心釋形莫遲疑，聚米為谷勤算計；
共貫同條情理在，識時通變敢匹敵！

政院人發中心講授〈變革與創新〉，慨嵌「政府缺官・民間無感」（2016.05.20）：

政出多門少前瞻，府首貼耳多計端；
缺漏補遺逞威儀，官情紙薄猶轉盤！
民膜怨騰上梁山，間不容縷心膽寒；
無力春風吹草綠，感今惟昔祝平安！

赴經部講授〈創意問題解決CPS〉，勉嵌「創新突圍・智珠在握」
（2015.06.10）：

創意迸發多聚斂，新竹茂林碧雲天；
突襲晦黯破艱難，圍困翻轉出凶險！
智勝方略倚天劍，珠璣虹彩敢爭艷；
在天飛龍因潛沉，握雲追風贏向前！

赴經部專業人才中心講授〈問題解決策略〉，勉嵌「對症下藥・迎刃立解」
（2016.11.22）：

對酒悲歌困網羅，症結夾纏難苦索；
下筆論辯猶逆天，藥石讜言救沉痾！
迎霜裂雪志不奪，刃樹劍山多拼搏；
立馬仗義拍案起，解危鏗鏘即勘破！

赴經部中階主管班講授〈創新創業與創富〉，勉嵌「引領風騷・創新致富」
（2016.07.23）：

引商刻羽奏高歌，領異標新成一格；
風生水起眾喧嘩，騷客雅韻驚嘆多！
創業開基幾琢磨，新硎初試破網羅；
致遠負重敢翻轉，富貴榮華壯山河！

赴經部公營事業高管講授〈策略執行力〉，勉嵌「謀定後動・精準快狠」（2017.02.23）：

謀略藏胸決廟堂，定傾扶危誰敢當？
後發先至龍在野，動地驚天新南向！
精金飛劍百煉鋼，準繩法脈變無常；
快馬加鞭著先機，狠勁勃發馳疆場！

赴經部國營會班講授〈廠商談判與議價〉，談判情報、期限、權勢三要素。
勉嵌「議價談判・互勝雙贏」（2017.10.21）：

議論辯駁急弦彈，價長值升精妙算；
談笑春風藏腹劍，判白批紅總奪單！
互為表裡變陰陽，勝敗取捨決與斷；

雙修道術柔濟剛，贏計操奇破千關！

赴經部公管會講授〈策略規劃與執行力〉，勉嵌「籌謀能斷・精實執行」（2018.03.03）：

籌劃願景擘藍圖，謀局應變勤佈署；
能人異士揪團聚，斷決有神景勝殊！
精銳盡出赴征途，實與有力拓疆土；
執事窮究快準狠，行者常至勢破竹！

連續五年赴經部事業主管兩天培訓，講授〈策略規劃與目標執行力〉，勉嵌「願景落地・快狠精準」（2019.04.12）：

願力恢弘照春晴，景從雲合神有靈；
落英繽紛花菓樹，地藏萬物好經營！
快馬揚鞭擊鼓鳴，狠怪盡出強遒勁；
精金百煉不曾悔，準繩規矩論分明！

赴經部台電中高階班，講授〈策略規劃與目標執行力〉，勉嵌「策略目標・

關鍵成果」（2019.11.07）：

策無遺算謀畫先，略勝多籌化凶險；
目擊道存捨斷離，標新領異登峰巔！
關津要塞豈等閒，鍵盤勾稽相互聯；
成龍配套計連環，果敢奮發擊長劍！

赴經部專訓中心，講授〈疫情商模設計與獲利配方〉，勉嵌「逆向發想・抗煞商機」（2020.04.13）：

逆增善緣愛相扶，向上一路出塵俗；
發蒙起瞶求翻轉，想後思前零接觸！
抗顏高議赴征途，煞猛亂世競逐鹿；
商戰烽火決遠距，機變實虛展鴻圖！

赴考試院保訓會高考命題座談，勉嵌「擢優選任・為國舉才」（2015.10.28）：

擢拔新秀非尋常，優勝競逐各逞強；
選能甄才應鑑別，任事賦權稱棟樑！
為官七品敢擔當，國事紛擾亂惆悵；
舉目俊賢誰勝出？才情器使增彩光！

對二〇一六年高考及格者作基礎訓練課程，勉嵌「戮志從公・莫忘初衷」（2016.12.29）：

戮力齊心拼名銜，志在擎天非等閒；
從此官銜深似海，公門修行錢與權！
莫敢誰何己律嚴，忘象得意識忠奸；
初心不改任輾轉，衷懷坦蕩學前賢！

赴考院國家文官升等訓練測驗閱卷，勉嵌「選能舉才・中堅力量」（2017.08.17）：

選賢為國著先鞭，能人志士奮爭前；
舉重若輕一枝筆，才情鋒發論千篇！
中原逐鹿舞長劍，堅苦卓絕勤相勉；
力行躬體功夫好，量能器使授官銜！

赴海巡總署講授〈復原力與韌性管理〉，勉嵌「複雜多元・強韌創新」（2015.06.17）：

複眼觀想多樣貌，雜形混沌藏真妙；
多情同體悟萬象，元氣沛然天行道！
強健不息危機少，韌性廣織復原早；
創意始終因空無，新興基業引風潮！

赴司院演講〈創新思考、解決問題〉，勉嵌「創建新猷・執兩用中」（2016.10.19）：

創意造言怨纏訟，建瓴高屋辯岐同；
新裁獨出革故鼎，猷深計遠不曲從！
執銳披堅迎先鋒，兩緒三頭藏險凶；
用智籌謀天青日，中流砥柱勢如龍！

赴關務總署高階班講授〈領導與決策力〉，勉嵌「廟算決勝・當機立斷」（2016.09.19）：

廟堂大器觀八方，算計損益校短長；
決疑利害競揣摩，勝出三籌顯靈光！
當軸處中辨陰陽，機變如神不違讓；
立馬豈需筆萬言，斷案截流敢擔當！

為公營金控集團講授〈紅海危機與變革〉，勉嵌「紅海突圍・再造藍天」（2016.06.17）：

紅紫奪朱競拼搏，海沸河翻驚巔波；
突變風雲異軍起，圍魏救趙妙策多！
再三磨礪志不奪，造極登鋒壯山河；
藍田有玉金石開，天覆地載奏凱歌！

赴僑委會全球台商會領導班授會議管理，勉嵌「爭戰四海・拓土開疆」（2016.09.20）：

爭長競短西轉南，戰天鬥地搶地盤；
四郊多壘風雲亟，海內鼎沸總艱難！
拓荒斬蕀心膽顫，土扶成牆緊抱團；
開基立業天酬勤，疆場搏擊闖天關！

赴僑委會全球台商會長班授課，勉嵌「萬百散砥・開念不披」(2015.02.10)：

萬國群英聚滿堂，百業巧工各擅長；
散據九洲勤拼搏，砥礪學識不遑讓！

開疆拓點在異邦，念茲血脈是炎黃，
不畏強龍凶險在，披荊斬蕀當自強！

赴僑委會講授〈市場開發客戶管理〉，期勉各國台商會長，勉嵌「開落詭異・基枝莫選」（2015.05.09）：

開疆拓土闖天關，落地紮根掙地盤；
詭譎商海驚濤浪，異域籌謀拼江山！
基業勃發代相傳，枝開葉散各專擅；
莫忘來時艱難路，選將掄才好接班！

赴僑委會各洲台商會長班授課，嵌頭「開疆拓土・行銷九洲」（2015.05.18）：

開鑼鳴鼓闖天涯，疆界無垠逞雄才；
拓奠基業求長青，土親人親遣孤懷！
行遍千關度陰霾，銷路暢旺客遠來；
九天拼搏不辭苦，洲聯契合花艷開！

赴僑委會主辦的海外社團秘書長班，講授〈會議主持與溝通協調〉，來自各洲的企業家、社團領袖四十多人，氣氛熱烈。勉嵌「落土紮根・開花結果」（2016.06.16）：

落拓天涯相比鄰，土扶成牆兄弟親；
紮寨安營四方客，根深柢固天酬勤！
開枝散葉有餘蔭，花樹橫斜經斧斤；
結彩懸燈基業在，果熟蒂落更傳薪！

赴僑委會為全球台商會長班，講授〈會議運作和主持策略〉，勉嵌「集思廣議・善謀能斷」（2019.03.18）：

集鳳翔鸞多能賢，思深慮遠奮向前；
廣見洽聞砌磋甚，議論鋒發鏗鏘言！
善始令終事周全，謀無遺策著鞭先；
能文允武幾折衝，斷決如流創新篇！

應僑委會邀約赴福華為海外台商會長，講授〈共識領導與會議溝通技巧〉。勉嵌「全球聯網・在地出擊」（2019.09.16）：

全神謀略征四海，球琳美玉入襟懷；

聯結裡外商機亟，網開多面八方財！
在天龍騰飛高台，地藏萬物金石開；
出夷入險奪單去，擊鼓鳴金逞雄才！

赴職業訓練中心，講授〈人脈經營〉，勉嵌「九本人脈・資源網絡」（2015.11.12）：

九重蒼穹勢巍峨，本立道升佈網羅；
人情義理求通達，脈脈承襲莫磋砣！
資望積累因緣多，源流交錯舞婆娑；
網網相聯雲端上，絡繹綿蜒任穿梭！

赴職訓中心，講授〈微笑曲線與常山之蛇〉，悟嵌「微笑曲線・互聯雙贏」（2016.01.07）：

微利圖存情何堪，笑裡藏刀百花殘；
曲迎上國失根恨，線斷珠玉墜滿盤！
互補混搭執兩端，聯網跨界齊壯膽；
雙峰迭起常山蛇，贏擊霜雪敢征戰！

赴職業訓練所，講授〈資金籌措與現金流〉，勉嵌「創業募資・金流為王」（2016.09.08）：

創建新猷獨古今，業有專擅土變金；
募秀選任拼團夥，資糧籌措最揪心！
金聲玉振事分明，流量損益求精敏；
為山九仞爭斤兩，王侯將相天酬勤！

赴職訓中心，講授〈問題員工診斷與處理對策〉，勉嵌「神仙變鬼・責歸領導」（2017.06.08）：

神氣活現猛猶龍，仙人指路蹈虛空；
變怪驚奇化作妖，鬼從魔生入偏鋒！
責備求全志難同，歸去來兮將無功；
領袖才德誰配位？導引江山逐春風！

赴職訓所講授〈敢在虎口搶大單必殺九技〉，勉嵌「虎口奪單・智勇雙全」（2017.10.11）：

虎鬚敢捋精妙算，口嘴春風計連環；

奪志有方虛與實，單槍獨馬闖天關！
智謀橫空爭地盤，勇猛精進多轉輾；
雙龍搶珠決死地，全勝凱歌定江山！

赴職訓研究所講授〈公眾募款如何開金口〉，勉嵌「公益勸款・金口常開」（2017.12.13）：

公私兼顧逐雙贏，益國利民救窮貧；
勸善為樂競捐輸，款士得心聚群英！
金鼓齊鳴大道行，口角春風話機靈；
常備不懈試金石，開誠佈公最高明！

赴桃園某公立研究院講授〈有效提案與簡報溝通〉，勉嵌「提案精準・痛快成交」（2018.06.26）：

提要鉤玄理成篇，案劍瞋目彈指間；
精耕細作正反合，準今酌古義當先！
痛點重擊勤思辨，快意恩仇筆如劍；
成龍配套秀簡報，交相輝映驚亮眼！

第七章　讀書、自勉、自悟與反思

范揚松從學生時代，就是一個勤學苦讀的好孩子，及其事業有成都保持著讀書的好習慣。而身為客家子弟，更有著中國傳統「耕讀傳家」的好基因，欲知其詳可看筆者為他寫的回憶錄，《嚴謹與浪漫之間：詩俠范揚松》（中國台北：文史哲出版社，二〇一三年二月）。

在范揚松的三千多首藏頭詩中，有不少是他自己的讀書心得，他的自勉、自悟和反思，也是他的人生過程中之「讀書行腳」，本章編入少許詩作。

范揚松讀國學，趣悟數字一到九密碼，悟嵌「簡陰四五・寰七乾九」（2015.04.05）：

簡易不易求變易，陰陽環抱天人地；
四象扶持致中庸，五行贊育創楔機！
寰宇六合循綱紀，七識集智辨義利；
乾坤八卦出將相，九五聖王應可期！

反思「互動教學不對稱原理」再探索，悟嵌「團體動力・啟承轉合」（2015.07.15）：

團隊凝聚創目標，體察差異各高調；
動能已啓驚呼應，力拔山兮總高潮！
啓迪身心求靈藥，承續知識互搭橋；
轉智成慧應指引，合體發功悟真妙！

初秋讀書別有一番滋味在心頭，周日讀書有感。勉嵌「風簷展書・我心嚮往」（2015.08.31）：

風生水起秋颯爽，簷前小甜話滄桑；
展顏笑語觀自在，書有如玉桂花香！
我見猶憐孤影長，心有靈犀蝶成雙；
嚮引遠雲任舒捲，往復還羞總思量！

再讀游伯龍《習慣領域學說》，夜讀名著有感。悅嵌「習慣領域・決策妙法」（2015.10.10）：

習焉莫察涉險途，慣性獨斷受桎苦；
領袖群倫離困阨，域外馳想有智珠！
決勝廟堂用孫吳，策馬奔蹄絕塵俗；
妙計連環實亦虛，法門盡施展雄圖！

運用我們中國老祖宗智慧，結合西方經營管理之術，以0到9數字與國學連接，開發新教材（2016.01.04）：

0：無為萬有創天地（談創新）；1：簡易不易求變易（談變革）；
2：陰陽合抱生萬物（談虛實）；3：天地人和建情境（談策略）；
4：四象相扶致中庸（談平衡）；5：五行生剋且相濟（談系統）；
6：六合相聯連珠發（談市場）；7：七識集智辨義利（談知識）；
8：八卦乾坤出將相（談競合）；9：九五聖王應可期（談領導）。

重讀平衡計分卡，領略動態執行力，勉嵌「連動平衡・策略落地」（2016.04.03）：

連環佈陣交相錯，動靜虛實致中和；
平台征戰求全勝，衡權利害有競合！

策馬奔騰逐山河，略地攻城精銳多；
落子無回棋局定，地藏萬機決網羅！

假日整理房間棄置千冊圖書期刊，勉嵌「取精用宏・增益不能」（2016.04.05）：

取擷萬卷究道理，精華囫吞遍東西；
用時猶恨書讀少，宏才大略施無計！
增損新學皆好奇，益算年歲五窮技；
不棄鐐銬難風光，能捨方得做自己！

讀閔茲伯格「透視策略七角度」，有感有得，悟嵌「策略前瞻・洞燭機先」（2016.04.10）：

策謀雄圖廟算先，略出虛實奇正間；
前景蠡測窮碧落，瞻顧鉅細探黃泉！
洞見高妙觀九天，燭照精微聚資源；
機鋒乍現有靈犀，先聲奪志軒轅劍！

研讀《大哉問的時代》，心有所悟有所得，悅嵌「大膽妙問・探驪得珠」（2016.06.23）：

大辯不言察萬象，膽粗氣壯逆思量；
妙算十分得神機，問鼎輕重多叩響！
探路尋津夜微亮，驪龍凶險亦張狂；
得其三昧定慧見，珠玉爭輝映霞光！

午讀《第三智慧》，深悟量子力學心法，勉嵌「量子思維・激活性靈」（2016.06.26）：

量子度德歷艱險，子丑寅卯覓方圓；
思入三易勘陰陽，維新革故天蠶變！
激濁揚清急管弦，活龍鮮健多勤勉；
性命同體運相應，靈心慧見救倒懸！

續研量子動能有悟，忽憶畢卡索多面女裸體圖。妙嵌「裸體穿梭・萬相殊勝」（2016.06.27）：

裸裎袒胸醉千嬌，體香餘韻自逍遙；

穿越虛實假亦真，梭天遁地驚波濤！
萬法皆空因緣道，相反爾成多觀照；
殊途輾轉鼓蕩甚，勝境妙有引高潮！

夜讀布芮尼・布朗《脆弱的力量》，自省反思有悟，勉嵌「擁抱真我・轉弱為強」（2016.08.15）：

擁懷驚恐天地變，抱殘守缺猶自憐；
真金烈火見鳳凰，我武維揚度艱險！
轉海回天救倒懸，弱水暗伏敢揮劍；
為己添翼破蒼穹，強弓勁弩非等閒！

假日增修講義〈領導權力與影響力〉有悟，慨嵌「魅力領導・莫不景從」（2016.08.29）：

魅影叱咤射天驕，力挽狂瀾救傾倒；
領異同心敢標新，導德以禮競折腰！
莫測高深藏奧妙，不避斧鉞引風潮；
景行大道迎高山，從此雲天曦光照！

驚覺已做了三十年所謂的教授、講師、顧問。慨嵌「師說傳道・授業解惑」（2016.09.01）：

師嚴道尊聚群英，說禮敦詩話清明；
傳經送寶終不悔，道山學海求相應！
授受神會心有靈，業峻績鴻惟專精；
解方千萬尋智珠，惑中儆醒正視聽！

深夜讀嘉言警句，忽然領悟得出一偈，勉嵌「慈悲無敵・照見自己」（2016.09.25）：

慈航難渡偏執著，悲歌慷慨多情客；
無忝天地頭顱好，敵愾同仇不蹉跎！
照人肝膽渾忘我，見識洞徹猶燭火；
自有機杼言錚鏦，己意獨出添顏色！

埋首書卷，研讀〈獨佔法則與競爭優勢〉，悟嵌「價值獨佔・統領風騷」（2016.12.14）：

價重連城創新裁，值當珠玉亮風采；

獨成一家奪先機，佔上鰲頭金石開！

統籌兼顧築高台，領異標新聚賢才；

風華勝景應勘破，騷情賦骨添精彩！

夜讀策略空間佈署與破壞性創新論著，悟嵌「策略逆轉・引爆業績」（2016.12.14）：

策無遺算八卦陣，略高多籌度金針；

逆天絕計出智謀，轉鬥千里求全勝！

引領翹足夢成真，爆燃張紅迎諸神；

業鴻圖遠爭市道，績學能士變法門！

誌政大心理系同學訪談組織文化與變革，勉嵌「文成化育・革故鼎新」（2016.12.18）：

文章經濟救倒懸，成王敗寇轉念間；

化若偃草搏生機，育德果行豈等閒！

革圖易慮勢窮變，故劍情深揮倚天；

鼎盛春秋年華好，新試發硎勇為先！

感慨南北奔波演講授課，又雨中健走永和採買。勉嵌「事緩求圓・靜能悟動」（2017.03.26）：

事繁思周費籌謀，緩急相濟爭先後；
求全責備三昧得，圓滿成功一沙鷗！
靜觀與替花開落，能賦登高感春愁；
悟道一瞬難究竟，動不失時驚九州！

冬日讀麥肯錫〈方法與創業之應用〉，勉嵌「假設求解・智珠在握」（2016.12.26）：

假人辭色勘實虛，設策運籌計出奇；
求同存異崢嶸甚，解方妙得利與義！
智業新裁大局棋，珠聯玉映著天機；
在所不惜赴征途，握武披文敢匹敵！

假日讀普哈拉名著《消費王朝》，深究與顧客共創價值之道。悟嵌「結社成群・價值共創」（2017.01.03）：

結駟連騎馳浩蕩，社鳴河清慶吉祥；

成敗利鈍各因緣，群策協力勢難擋！
價重連城集能量，值當千金同參詳；
共貫同條逞一氣，創業鴻發智慧藏！

范揚松自勉創作藏頭詩破一千首，仍奮筆不輟，自現代詩轉古體詩成一壯觀，可謂「中國藏頭詩第一名家」。喜嵌「賦詩千首‧興觀群怨」（2017.09.09）：

賦聲擲地信有徵，詩腸鼓吹落筆成；
千轉萬輾總藏頭，首尾應和句句爭！
興會淋漓情橫生，觀諸萬象夜明燈；
群口爍金敢臧否，怨懟拍案盡迴聲！

究讀稻盛和夫「阿米巴經營模式」，深感奧妙，憶三十歲時任房仲業CEO即採此模試。悟嵌「稻盛和夫‧經營商聖」（2017.11.17）：

稻粱飄香蒼穹遠，盛衰興替隨天演；
和衷共濟阿米巴，夫子樂道競爭先！
經略市場歷艱險，營私逐利爭賦權；
商秧應悔讀書少，聖化神功不等閒！

夜讀戰略覆盤領悟人生事業，不斷精進探索門道。勉嵌「回顧反思・探索提升」（2018.05.07）：

回船轉舵常憶往，顧慮多重細商量；
反轉乾坤總結過，思前想後在疆場！
探驪奪珠多險象，索底歸根得真相；
提要鉤玄奧妙甚，升堂入室智慧藏！

備課為地產集團籌辦願景共識與策略發展營隊，讀林長勳建築師著作有悟。勉嵌「人居未來・永續明日」（2018.08.13）：

人壽年豐飛彩霞，居仁由義觀天下；
未艾方興綠建築，來儀鳳凰傳佳話！
永矢弗諼生態法，續絕藏愛連廣廈；
明心見性千秘事，日地雲階成大家！

與諸師友略論〈行動學習與三問三反三道智慧生成系統〉，悟嵌「學思篤行・勘探究竟」（2018.08.16）：

學海迴瀾浪驚濤，思深慮遠配成套；

篤志不倦精氣神，行針步線千里遙！
勘測實虛破門道，探驪奪珠屠龍刀；
究底尋根三輾轉，竟體蘭芳知奧妙！

讀《天賦順流》，愛因斯坦說：「每個人都是天才，只是若用『爬樹的能力』來評斷一條魚，那牠將會永遠覺得自己是笨蛋。」反思教育體系。勉嵌「天賦順流・翻轉教學」（2018.12.08）：

天生我才堪大用，賦能給力存異同；
順風轉舵客製化，流水游龍不平庸！
翻江倒海浪擊空，轉客為主竟事功；
教導多方成大器，學能致用各崢嶸！

誌范揚松創作藏頭詩突破二千首，記錄生命中的興觀群怨。勉嵌「藏頭埋句・情懷慷慨」（2019.04.06）：

藏鋒斂銳引風騷，頭角崢嶸復長嘯；
埋首顧影不曾悔，句斟字酌驚妙筆！
情逐事遷歷狂潮，懷日抱月劍出鞘；

慷慨同仇賦比興，慨然仗義江湖老！

夜讀谷細功，發現問題方法，領悟「目的、整體、抽象」，悟嵌「發現問題．別開蹊徑」（2020.02.16）：

發蒙啓聵尋洞見，現身論法上位先；
問天買卦猜疑想，題破果報勘因緣！
別出心裁多次元，開合有序親體驗；
蹊桃曲柳入堂奧，徑行直遂創新篇！

誌范揚松名列《客家名人錄》一書，他二十年前也曾入選《中港澳青年詩人錄》、《跨世紀經貿名人錄》。喜嵌「高人勝士．雪泥驚鴻」（2020.02.23）：

高材捷足聚群英，人歡馬叫客家情；
勝友先進多賢達，士農工商錄芳名！
雪案螢窗破曉明，泥金萬點見春晴；
驚心回首花甲歲，鴻聲留影好視聽！

讀大書家杜忠誥教授〈論道以藝成〉，涵意闡幽發微道術合一。悟嵌「繼往開道・風騷藝成」（2021.02.05）：

繼絕存亡志垂統，往復萬古懷初衷；
開物成務究竟亟，道山學海執厥中！
風流人物轉眼空，騷人墨客競稱雄；
藝高膽壯當慷慨，成住壞空悲願同！

夜讀華為《以客戶為中心》，感悟該公司逆勢成長。勉嵌「顧客導引・關係致勝」（2021.02.28）：

顧後瞻前產銷鏈，客製流程策略先；
導以視聽知情意，引領變革換新天！
關山遠阻實虛間，係頸相應全體驗；
致志創價添精彩，勝算在心入福田！

范揚松見自己的本命樹松樹開花，絢麗風華，激動一詩。讚嵌「花開獻瑞・松柏長青」（2021.03.13）：

花團錦簇飛彩顏，開枝散葉入峰巔；
獻祭天地存魂魄，瑞雪兆豐破凶險！

松下童子花甲年，柏翠竹苞驚醉眼；
長算遠略傳千古，青山春暖照人間！

誌范揚松創作藏頭詩突破三千首，這是他的生命實證功課，為時代留下註解，勉嵌「藏頭三千・引領風騷」（2022.06.16）：

藏鋒斂穎游於藝，頭角崢嶸難自棄；
三回九轉遣悲懷，千巖萬壑總驚奇！
引吭高歌君不器，領新標異敢臧否；
風雷湧動多慷慨，騷情賦骨一禿筆！

夜讀北大教授路江湧《共演戰略》，以策略重新定義企業生命週期，開創策略新思維，大受啟發。悟嵌「共演戰略・勘破天機」（2021.06.01）：

共貫同條通經脈，演繹週期各精彩；
戰不旋踵賽局亟，略無遺策登高樓！
勘察謀局知往來，破竹趁勢金石開；
天元循環珠璣語，機鋒畢露創新裁！

《壯世代精彩人物》，范揚松的啟蒙老師、新竹中學九十歲哲學家史作聖老師出版新書啦！勉嵌「三月哲思・極樂辯證」（2022.05.14）：

三餘讀書堂奧外，月落參橫破曉開；
哲理藝成君不器，思深苦索情滿懷！
極本溯源登天台，樂事勤功創新裁；
辯論風生東西匯，證今援古添精彩！

第八章 教學心得與碩博士生論文砌磋

范揚松在神州大地海內外，講學三十餘年，他桃李滿天下，指導過的碩博士生不知有多少。指導碩博士生最關鍵的一門課，就是論文寫作，范揚松的眾多藏頭詩，有不少是與碩博士生砌磋論文的心得，及其數十年教學心得。本章編入部份，以見范教授之用心！

與碩博生砌磋論文撰寫要津，勉嵌「探驪得珠・厚積薄發」（2015.06.05）：

探窮碧落遍文獻，驪龍隱晦尋難見；
得道多助勤鼓盪，珠光熠耀最前沿！
厚植學力經鍛練，積識轉智成慧劍；
薄刃利索諸魔斬，發煌為文筆為先！

與教授群初審歐大碩博班 DBA 論文，勉嵌「取精用宏・錦繡文章」（2016.06.20）：

取予有節因度量，精益不能自擔當；
用盡機關勤補拙，宏材大略成篇章！
錦簇花團出彩光，繡虎雕龍覃思長；
文質彬彬一家言，章決句斷有主張！

審閱內部講師與知識管理 DBA 論文，賀喜孟彥有成。勉嵌「教學智業・精煉成家」（2016.07.05）：

教導多術熟生巧，學富五車逞高超；
智珠常握難蟄伏，業有專精窺堂奧！
精衛填海天有道，煉石補天豈屈撓；
成龍配套體悟深，家弦户誦得玄妙！

為歐大碩博生講授論文寫作與創見，發現心法。勉嵌「勇渡龍潭・探驪奪珠」（2017.01.19）：

勇猛精進髮懸樑，渡河香象悟思量；

龍門不躍器難成，潭水流深逞狷狂！
探頤索隱有主張，驪黃牝牡智慧藏；
奪理談經百千回，珠璣璀璨湧萬江！

歐大講授論文問題、文獻評論研究法及歸納推論秘方。勉嵌「博采眾議‧取精用宏」（2020.01.18）：

博學審問慎思明，采蘭披榛闢蹊徑；
眾聲喧嘩人寂寞，議論鋒發敢爭鳴！
取長補短理欲清，精金百煉筆有靈；
用智圖表篇章謀，宏論卓識都響應！

萬般辛苦不尋常，審閱學報論文，勉嵌「學進山柳‧諸探萬湍」（2015.04.12）：

學海驚濤晦如淵，進路無門鑽彌堅；
山窮水複疑絕路，柳暗道明難登天！
諸法紛岐藏凶險，探驪搶珠倚天劍；
萬幸披荊穿霾霧，湍流橫渡入桃源！

又一批歐大碩博士畢業，范校長賀圓夢成功，勉嵌「終身學習・自我超越」（2015.06.26）：

終南捷徑世間無，身心冶煉惟讀書；
學藝求道攻博碩，習而踐行數寒暑！
自勉勵進通任督，我執放下磨功夫；
超群卓識成一家，越過峰巔見真如！

歐大碩博班講授〈競爭策略〉，感悟有得，勉嵌「競爭策略・全勝求贏」（2015.08.22）：

競局岐變兵勢險，爭鋒奇詭一瞬間；
策謀佈署超限戰，略地攻城敢為先！
全陣屈人非等閒，勝負乾坤因慧見；
求索智財八陣圖，贏家通吃難恨天！

與歐大碩博生討論互動教學與結構主義，有悟有得，勉嵌「翻轉教學・解構再現」（2015.11.13）：

翻江倒海逆思維，轉棹行舟歡聲迴；

教化潛移非對稱，學海遊踪不思歸！
解除桎梏破舊規，構建新智慢火炊；
再造課室增精彩，現身互動喜相隨！

碩博班講授〈組織設計與運作〉與論文指導，勉嵌「策略為先・組織分工」（2015.12.19）：

策謀江山學孫吳，略勝多籌勤佈署；
為爭全勝因仁義，先機盡奪鬼神助！
組建精鋭藏密圖，織綿經緯尋進路；
分進併擊風雲起，工筆巧繪皆夢土！

祝賀論文過關，又一批歐大碩博士將飛向神州大地，為祖國強大做出貢獻。

祝嵌「鳳凰花開・離情不捨」（2016.06.24）：

鳳鳴朝陽遠天飛，凰聲橫空去復迴；
花期燦爛人爭艷，開枝散葉情相偎！
離愁鬱郁不忍歸，情轉深沉愛徘徊；
不計鵬程千萬里，捨命高歌拼一醉！

點評魅力講師互動教學精進技巧，回應孟彥、文哲。勉嵌「熱情有料‧魅力無窮」（2016.03.15）：

熱鬧嬉遊滿學堂，情懷遄飛志昂揚；
有教無類惟明師，料理道業解惑湯！
魅起蘊藉聚氣長，力舉慧見尋寶藏；
無為萬有覺眾生，窮盡青春不退場！

讀清華中小學劉凱校長天賦教學論述，勉嵌「天賦教育‧隨緣見性」（2017.07.11）：

天地經緯彈新弦，賦能多元各有偏；
教化因材猶器使，育英有方種福田！
隨心潛默志高遠，緣起不滅多歡顏；
見日撥雲崢嶸甚，性命勃發搏九天！

在歐大講授論文研究與寫作，開放各校碩博生旁聽。勉嵌「勘察萬象‧自得天機」（2019.02.24）：

勘繹經緯競摸索，察微洞幽百家說；

萬壑千岩凶險亟，象外超然志不奪！
自發機杼明若火，得其三昧領悟多；
天覆地載探究竟，機鋒盡出破網羅！

第九章　佛法王道范蠡鬼谷孫吳齊聚華山論劍

范揚松的講學行旅藏頭詩，種類繁多，無奇不有，可見其學問之深廣，「九流十家」都在他心中，可算是現代「雜家」。本章編入他有關佛法、王道、范蠡、鬼谷、孫吳三十六計等，齊聚華山論劍之詩，亦僅舉其少數作品以饗粉絲！

參觀不丹國唐卡藝術展並獲邀剪綵致辭，讚嵌「佛門藝術・法喜殊勝」（2017.03.12）：

佛性禪心織錦繡，門牆桃李福慧修；
藝精膽細添顏彩，術業妙有大成就！
法輪常轉歷春秋，喜逐顏開緣善由；
殊途究竟盡圖畫，勝景不丹天地遊！

悟讀案例，思考「善的蝴蝶效應」乃是因緣果報。悟嵌「因緣果報・一念萬金」（2016.02.18）：

因信稱義君子劍，緣起興滅直向前；
果熟蒂落觀自在，報恩有時天行健！
一諾不渝薄雲天，念善循環福綿衍；
萬物相應皆自得，金聲玉振非等閒！

驚喜賴董旺根兄，唸《心經》、《大悲咒》、《金剛經》，悟得菩提加入歐大，研發人工智慧系統。悟嵌「見龍在野・翻轉財富」（2019.04.27）：

見兔放鷹快準狠，龍戰雲端奪秒分；
在所不惜凶險甚，野馬由韁任馳奔！
翻經持咒金剛聲，轉危成安八卦陣；
財運亨通菩提在，富貴利達度金針！

因緣果報的逆思考，嘗試以終為始，將系統理論的投入（因）→處理（緣）→產出（果）→回饋（報），作逆思考應用。勉嵌「果報因緣・贏家優勢」（2021.03.27）：

果敢精進馳疆場，報效功德反思量；
因變制宜終為始，緣波探源智珠藏！
贏者通吃較短長，家弦户誦新主張；
優適人生競與合，勢易時遷當自強！

誌歐大賴旺根博士，將理論實務整合因緣果報「聚寶盆」人工智慧系統，成立菩提智能科技，獲利獨步全台。讚嵌「聖誕菩提•福虎生豐」（2021.12.24）：

聖神文武聚滿堂，誕辰雙賀慶吉祥；
菩薩揚眉讚歡喜，提衣振領行無疆！
福地洞天築高牆，虎踞龍盤廣積糧；
生機勃與多兼善，豐功厚利可稱王！

與梁景鵬砌磋「王道商業模式設計」，有感悟嵌「王道經營•創價共享」（2015.06.03）：

王霸難分唯用心，道法陰陽貫古今；
經略天下允執中，營運雄圖日日新！
創發興業天酬勤，價增值溢誠為金；

共勝多贏爭永續，享配餘蔭樹成林！

校勘〈王道商業模式設計〉案稿，有感有悟，勉嵌「利益與共・創新增值」（2016.02.16）：

利害福禍互網羅，益損興替自斟酌；
與聞經營論王道，共勝多贏妙策多！
創見勃發相競合，新枝繁茂舞婆娑；
增華踵事添顏色，值此風光放歡歌！

赴歐大碩博班，講授〈王道策略與計分卡設計〉，勉嵌「王道事業・利澤共生」（2016.03.19）：

王霸相濟義得利，道魔間隔用心機；
事非轉輾焉知難，業力福報勝菩提！
利益萬方聚忠義，澤披千秋與天齊；
共築悲願相籌謀，生氣九州風雷起！

賀 SI（智慧整合）新王道，發展雲端人力評鑑選訓用系統啟動。勉嵌「選訓用留・評鑑為先」（2019.09.25）：

選賢任能闖千關，訓勉圖治共揪團；
用舍行藏忠誠丞，留良汰劣打江山！
評功論賞雲計算，鑑別有序爭客觀；
為山九仞添十簣，先意承旨總盡歡！

新王道資源整合平台納入遠距課程，創造知識現金流。悅嵌「資源平台・知識煉金」（2020.09.23）：

資糧籌謀福智多，源頭活水湧江河；
平地樓閣雲端上，台前幕後實虛合！
知來藏往彈指得，識微見遠能勘破；
煉石補天猶未晚，金聲玉振迎讚歌！

范揚松以歐大暨范蠡商聖學院領導人身份，廣邀十位顧問專家砌磋技藝，論述各門派顧問技法。勉嵌「華山論劍・各顯神通」（2016.06.22）：

華枝春滿一輪月，山巔海角精智業；
論辯鏗鏘無勝負，劍氣薄天英雄帖！

各領風騷得三昧，顯隱頓悟自成訣；
神明有靈救傾危，通達裡外求妙解！

籌辦第二屆顧問師高峰論壇，產官學高手加入華山論劍。勉嵌「企業診斷・對症發藥」（2017.06.30）：

企踵引頸飛紫霞，業歸專擅自風華；
診治望聞更問切，斷疑解惑破真假！
對景華山聚群俠，症結洞見不偏斜；
發硎新試機鋒巧，藥到病除稱獨家！

范揚松緬懷先祖，夜讀范蠡三聚散與十八商訓。勉嵌「聚散名利・陶朱有道」（2016.01.14）：

聚才相國多能賢，散盡萬金笑談間；
名極廟堂嫌棄去，利灑江湖任流連！
陶地植墾江澤邊，朱雀來儀好緜衍；
有情行義西施愛，道統古今豈等閒！

歐大協力成立陶朱公范蠡財神協會，由范水旺兄擔任理事長。勉嵌「勘察萬象・自得天機」（2019.02.24）：

勘繹經緯總摸索，察微洞見千家說；
萬壑千浪凶險多，象外超然志不奪！
自發機杼若明火，得悟三昧收獲多；
天覆地載尋究竟，機鋒一出破網羅！

研究范蠡「第五級領導力」，論內聖外王、義利相生與基業長青之道。勉嵌「內聖外王・基業千秋」（2019.05.06）：

內視反聽知凶險，聖經賢傳計然篇；
外攘治平戰國策，王霸天下奮擊鞭！
基深柢固富登天，業峻膽壯聚散間；
千錘萬煉陶朱訓，秋實秋華稱聖賢！

校閱論文〈范蠡內聖外王與基業長青：第五級領導力的實踐〉。勉嵌「內聖外王・五級領導」（2019.07.09）：

內照返觀迎吉兆，聖臣肝膽兼儒道；

外攘復國興霸業，王師氣象志節高！
五鼎萬鐘不折腰，級任相印亦可拋；
領新標異稱雙聖，導德傳經得法寶！

抗疫荒年中，與陳福成教授完成《范蠡兵法 36 計》，側重計策解說與案例應用。勉嵌「陶朱兵法‧計策通天」（2020.04.26）：

陶地人傑出塵俗，朱輪華轂馳大都；
兵無常勢陰陽變，法理兼情勘有無！
計深慮遠三十六，策不遺算早佈署；
通商惠工幾聚散，天道酬勤成鉅富！

祝賀上海范蠡文化研究會成立，共同闡揚陶朱公富能行德的精神。勉嵌「道商范蠡‧春秋雙聖」（2020.09.01）：

道高德重師計然，商略籌謀度關山；
范祖貨殖十八訓，蠡測興替知艱難！
春風雨露三聚散，秋月寒江志承傳；
雙修福慧究竟處，聖化神功大圓滿！

霜夜略讀《鬼谷子》，驚悟其縱橫八術有得，勉嵌「縱橫捭闔・揣摩權謀」（2016.01.26）：

縱觀抵巇求反應，橫豎飛箝攻心機；
捭察萬物雖喧嘩，闔實千變順天理！
揣情權量度可疑，摩意斟酌存差異；
權衡忤合待明君，謀勢求道天不欺！

初四讀《鬼谷子》〈本經陰符〉篇，偶有一得，勉嵌「盛神養志・靜心深慮」（2016.02.12）：

盛氣通體貫雲霄，神明自主出九竅；
養護臟腑求安身，志堅意定破阻撓！
靜無罣礙自覺曉，心有權量細推敲！
深不可測猶周密，慮謀轉圓存機妙！

赴歐大講授〈商戰孫子兵法與三十六計應用〉，悟嵌「商戰孫子・百計齊發」（2017.04.06）：

商海詭譎驚狂濤，戰天鬥地不屈撓；
孫吳智謀為我用，子敢彎弓射大雕！
百川歸海復長嘯，計深慮遠豈常道？
齊福修慧求全勝，發皇有時競折腰！

再反思商戰孫子兵法與三十六計，用於創新教學有效。勉嵌「翻轉課室・互動教學」（2018.01.16）：

翻陳出新愛嚐鮮，轉借競合十三篇；
課堂從此煙硝起，室滿歡聲勝八仙！
互聯縱橫廟算先，動態謀勢奮向前；
教授賽局計攻防，學思篤行搏九天！

賀歐大家業轉型，「范蠡論壇」春酒開幕，海內外百餘企業家蒞會。勉嵌「群英峰會・百家爭鳴」（2018.03.17）：

群雄競逐試青鋒，英聲茂實十年功；
峰迴路轉登高處，會逢其時勢猶龍！
百川歸海志恢宏，家業聚散范蠡公；

爭輝光照征途遠，鳴金擊鼓敢稱雄！

歐大開辦「企業競爭與孫子兵法研討會」，開鑼了！勉嵌「商戰孫子・全勝攻略」（2018.08.01）：

商海詭譎驚波濤，戰事遽變非常道；
孫武勘破篇十三，子丑寅卯藏玄妙！
全局胸懷曲成調，勝殘去殺兵勇驍；
攻心至上虛實間，略高多籌射大雕！

夜讀兵經與三十六計研究，開發行銷商戰三十六計配套課程。悟嵌「兵經一百・謀計三六」（2018.08.22）：

兵無常勢藏詭譎，經文緯武繼孫學；
一以擋十陰陽變，百煉金鋼破萬劫！
謀局造勢幾星夜，計策齊發志猶鐵；
三江五湖征塵亟，六韜妙算奪三略！

歐大十週年論壇，百餘碩博企業家齊聚「華山論劍」。勉嵌「名家論壇・

精銳盡出」（2019.03.17）：

名師高徒聚滿堂，家弦户誦多迴響；
論辯華山爭鋒甚，壇上拜將語鏗鏘！
精金美玉各輝煌，銳不可當逞能強；
盡歡一醉春酒宴，出將入相行無疆！

第十章　友情萬歲、萬歲、萬萬歲！

在范揚松的「三千食客」中，有幾位因歷史悠久而成為食客中的核心人物，最經常到范教授的小公館飲茶品酒，高歌論詩，建立了珍貴的友誼。在揚松的三千多首藏頭詩中，留下了友誼的芬芳，為詩壇千古之佳話！

聽陳在和博士講授萃思技術（TRIZ）創新實務，勉嵌「萃思大成・矛盾妙解」（2017.05.22）：

萃薈拔群四十招，思深慮遠可悟道；
大哉椽筆機心巧，成就萬象絕精妙！
矛利橫空破寒曉，盾厚蔽天驚波濤；
妙法由心造新境，解除倒懸一張表！

回應明琪論文，服務科技公司，理論與實務兼備。悅嵌「服務讜言・取精用弘」（2016.07.04）：

服牛乘馬行致遠，務本施惠愛相連；
讜論侃侃物聯網，言辭皇皇擊九天！
取轄投井萬事全，精益賦能多權變；
用勘數據破天機，弘獎風流爭前沿！

誌 DBA 傅明琪到歐大講授服務科技應用成功。賀嵌「人性科技・互動服務」（2016.11.20）：

人歡馬鳴客熙攘，性理究竟窺萬象；
科研不廢人間事，技高數籌更發皇！
互聯蠡測智慧藏，動靜俯仰易反掌；
服人依理情真切，務實崇本盪迴腸！

與明興兄略論講學詩創作緣起，自嵌「遊歷講學・詩以載道」(2015.11.18）：

遊騁山川遍五湖，歷經滄桑廿寒暑；
講經説法談管理，學藝旁通道與術！
詩能興觀存好惡，以銅為鏡辨分殊；
載歌詠詩常嵌頭，道盡學思不含糊！

與明興謝天論五百年來一大千，讚嵌「談文論藝・汲古鑄今」（2015.12.20）：

談與遄飛醉酒濃，文采繽紛躍夜空；
論辯潑彩照大千，藝境磅礡翠群峰！
汲擷細磨筆成鋒，古韻妙姿鬼斧工；
鑄劍猶仗百鍊鋼，今占鰲頭顯神通！

回應明興博士，略述藏頭詩創作心得，悟嵌「講學論述・詩以載道」（2016.06.11）：

講經説法遍九州，學思體用善籌謀；
論議風起多慷慨，述作五車志未酬！
詩禮傳家愛藏頭，以簡御繁毋需愁；
載酒問字堪殊勝，道山學海馳扁舟！

回應飛白金句，一路走來諸子百家俱在胸中。勉嵌「潛龍勿用・候機勃發」（2016.11.01）：

潛精積思觀興替，龍蟠潭深鳳有逸；

勿濫寧缺何曾悔？用捨行藏得義利！
候旦雞鳴傳故里，機不可失敢匹敵；
勃起振奮擊長天，發揚蹈厲破局棋！

夜飲茅台，聽陳福成、程國政兩兄，講述孫子兵法，受惠良多。樂嵌「孫學發皇・百戰不殆」（2017.05.25）：

孫武竭智十三篇，學究智謀兵燹間；
發揚蹈厲全勝計，皇天后土少烽煙！
百川歸海敬前賢，戰不旋踵奮向前；
不廢江河爭日月，殆用陰陽廟算先！

賀歐大MBA封玫玲巡迴歌舞義演成功，喜嵌「秋霞滿天・舞動人生」（2016.05.07）：

秋實春華歷霜天，霞光艷照戲台前；
滿溢青春爭精采，天音妙樂好流連！
舞影婆娑任翩翩，動靜婀娜猶飛仙；
人間菩薩佈施廣，生趣勃發愛綿延！

賀歐大 MBA 葉莎詩友出新詩集及截句選，同祝靈歌新詩集發行熱銷。勉嵌「陌鹿相逢・七月流火」（2017.12.03）：

陌累阡連碧雲天，鹿鳴呦呦猶詩篇；
相隨轉輾情懷苦，逢春花木綠滿園！
七竅玲瓏截妙選，月句章星意纏綿；
流風餘韻藏不住，火樹銀花驚醉眼！

蘇進強兄邀約，參與壯時代科教文會座談，研議壯時代政策產業等。悅嵌「壯志凌雲・引領風騷」（2021.11.03）：

壯闊波瀾驚濤浪，志工能賢石敢當；
凌霄意氣春秋筆，雲合景從話鏗鏘！
引重致遠行無疆，領新標異競主張；
風生水起高潮處，騷人墨客逞狷狂！

誌歐大博士呂佩橙校長，北京單日講授〈師德〉，聽講老師破一萬三千人。喜嵌「讚第一性・創獨角獸」（2022.04.30）：

讚勘原始辨究竟，第甲連雲築夢景；

一統江山馬斯克，性慧心巧踢斗星！
創業開基闢蹊徑，獨領風騷神鬼驚；
角立崢嶸成首富，獸比珍奇奮向前！

第十一章　給華君、振夫

華君和振夫，是范揚松的兩個孩子，虎父無犬子，這兩個孩子正如他們的父親一樣，在人生的戰場各自開展出一片亮麗的天空。在現代社會中，父親以詩代信給孩子嘉勉，范揚松可能是唯一，尚未見有第二例者。故本章入編揚松給兩個兒女的詩，欣賞他的為父風範。

華君赴歐盟四國攻讀新媒體學位，為女兒送行。勉嵌「鵬飛萬里・學思奮進」（2015.08.02）：

鵬程展翅志鴻鵠，飛赴歐盟勤讀書；
萬里尋知求砌磋，里仁稱慶多祝福！
學海濤濤常領悟，思精慮遠通任督；
奮起鑽研成一家，進路琢磨得驪珠！

誌我女華君自維也納進修學位返台，驚喜有感。喜嵌「春燕歸來・喜迎曦光」（2016.01.20）：

春寒料峭江山嬌，燕鳴啁啾橋外橋；
歸鄉情卻暫借問，來路轉輾多飄搖！
喜出望外回舊巢，迎風花樹枝頭鬧；
曦景常在人安好，光彩門楣復長嘯！

勉華君續攻讀歐盟四校新媒體學位，即興獎勉，勉嵌「勇渡學海・探驪奪珠」（2016.02.01）：

勇闖歐羅窺堂奧，渡頭楊柳誰吹簫？
學難窮盡求通融，海角天涯豈逍遙！
探究新猷曲成調，驪龍騰踴掀狂潮；
奪志不移凶險多，珠玉在握領風騷！

歐大MBA華君自英轉赴羅茲大學，小女華君歐盟跨國學位第三學期在羅大。勉嵌「博采精萃・跨界創藝」（2016.09.30）：

博物多識闖歐盟，采及葑菲猶啓蒙；
精金百煉不辭苦，萃思奇想讀書聲！

跨鳳乘雲迎征塵，界道三法最上層；
創發新猷天驚地，藝高膽壯競逐夢！

賀華君在歐大碩博班成功發表科技親密專題論文，華君攻維也納大學多媒體與音樂雙碩士。讚嵌「科技親密・五感相應」（2018.05.21）：

科班音律貫西東，技高多籌競不同；
親臨妙境有虛實，密鑼緊鼓一飛龍！
五彩繽紛跨時空，感受悲喜即時通；
相得益彰人機合，應節擊拍驚飛鴻！

勸振夫學科技必厚實人文底蘊，勉嵌「博觀取約・厚積薄發」（2016.01.23）：

博聞廣記聚沙塔，觀天知地細體察；
取簡行篤無忮求，約精用宏成大家！
厚德載物去蕪雜，積漸化育不喧嘩；
薄言慎語戒定慧，發皇有時氣自華！

欣聞振夫獲選史丹佛國際創業競賽，勉嵌「胸羅萬象・競局出彩」（2016.01.30）：

胸懷鴻鵠志高遠，羅布星棋拼前沿；
萬空妙有本無物，象飛千里不等閒！
競逐鐘鼎真少年，局移勢轉敢為先；
出奇巧思多算勝，彩光艷照驚九天！

賀振夫獲德國名校慕尼黑阿亨大學碩博班，勉嵌「黃金雙榜・實至名歸」（2017.06.23）：

黃旗紫蓋志遠颺，金鼓齊鳴逐夢想；
雙修博碩慕尼黑，榜名高掛驚鑼響！
實與有力拼命郎，至當不易能猖狂；
名山勝景阿亨大，歸真返璞最發皇！

賀華君、振夫姊弟在歐大論文發表成功，喜嵌「兒女爭光・頭角初露」（2017.08.20）：

兒少猖狂金鼓鳴，女媧補天救危傾；
爭是鏗鏘一堂彩，光耀家風祖有靈！
頭尾論辯學藝精，角立杰出理分明；

初試鋒芒崢嶸甚，露紅煙紫新風景！

中原大學演講，講題〈跨領域學習與生涯優勢：談華君、振夫斜槓人生路〉，勉嵌「跨域學習・生涯優勢」（2019.11.20）：

跨山越海見大千，域外殊方豈等閒；
學如登山幾轉輾，習俗移性出能賢！
生機勃發滿福田，涯際交輝練兵劍；
優游涵泳斜槓趣，勢猶破竹著先鞭！

第十二章　客家情懷與縣市地方產業

客家是我們中國漢族的一個支系，人口龐大上看數億，客家也是中華各民族中最會讀書的一族。本章編入范揚松有關客家情懷和縣市地方產業的作品。

赴苗栗銅鑼客家園區，講授〈招商引資與創新行銷〉，勉嵌「鑼聲若響・鴻圖待展」（2016.04.21）：

鑼鼓鬧鳴天欲曉，聲聲催急鳥歸巢；
若能大器吞日月，響遍河嶽千里遙！
鴻飛南北掀波濤，圖謀駿業引風潮；
待得花開春日暖，展翅搏擊震九霄！

赴客家委員會講授〈產業輔導效益〉有感而作。勉嵌「產業輔導・平衡發展」（2015.12.12）：

產銷合體借外腦，業歸專精各風騷；
輔佐拉拔傳幫帶，導引征途爭渠道！
平準量產逐贏銷，衡權方略多指標；
發掘常模度百業，展翼鵬飛比天高！

赴客家年會發表論文〈產業轉型〉，勉嵌「客家轉型・創新增值」（2015.10.15）：

客居偏鄉勤耕種，家業細微嘆無功；
轉軌接銜互聯網，型塑品牌敢爭峰！
創建落地事分工，新秀崢嶸相結盟；
增益不能齊拼搏，值得風光在險峰！

應邀為《義民嘉年華祭》一書提序有感詩作。誠嵌「聯莊義祭・挑擔奉飯」（2016.07.12）：

聯翩浮想兵馬亂，莊園護衛競揭竿；
義民萬死不足懼，祭天鑼鼓驚肝膽！

挑頭引頸凱歌還，擔當犒勞遠鄉關；
奉祀忠魂神有靈，飯精膾細動旌幡！

應客委會六堆園區邀課並診斷廠家營運。勉嵌「六堆客園・再現風華」（2016.11.30）：

六傘遮天憑欄眺，堆山積海枝頭鬧；
客去迎來求熙攘，園林勝景曲成調！
再造商圈授絕竅，現鐘鳴鼓引潮騷；
風生水起虛實合，華星秋月盡奧妙！

與張維安談台三線與客家復興，勉嵌「浪漫大道・文藝復興」（2017.08.21）：

浪跡萍蹤老祖先，漫山塞野盡茶園；
大椽著墨飄客韻，道遠志高譬前沿！
文經武略聚能賢，藝深膽壯搏九天；
復嶂重巒藏精采，興觀群怨新桃源！

全國客家會議在福華會所舉辦，范揚松發表〈浪漫台三線與客家文藝復興〉，勉嵌「復興客庄・創新翻轉」（2017.09.25）：

復育農林瞻向前，興風逐浪互網聯；
客寄天涯尋樂活，庄頭鄉尾新田園！
創機勃發生態圈，新韻雅唱台三線；
翻山越嶺殊勝景，轉運科研競爭先！

客家出偉人，梅州大富豪田家炳全心投入教育，創建百校。敬嵌「捐資興學・振我中華」（2021.09.04）：

捐財賣產富行德，資深望重志不奪；
興亡己任道義亟，學海道山積善多！
振聾啓聵響鼓鑼，我武惟揚歷波折；
中流擊楫百校父，華枝春滿奏讚歌！

主持《大稻埕虛擬商圈》座談會有感有悟，勉嵌「流金歲月・風華再現」（2015.11.22）：

流雲蒼狗舞徘徊，金粉斑剝繁華在；
歲時節令且玩轉，月照舊埕新樓台！
風生水湧春花開，華麗轉身看精采；
再見榮景實虛合，現象百變情滿懷！

為台中地區事業集團店長講授〈商圈經營〉，勉嵌「商圈精耕・佈椿打點」（2016.05.22）：

商賈熙攘百業興，圈養一方細經營；
精銳之旅拓疆土，耕織阡陌天欲晴！
佈署籌謀事分明，椿深底固爭輸贏；
打鐵猶需乘勢起，點點繁花萬情情！

赴花蓮「櫻之田野民宿餐廳」授課並輔導，勉嵌「野地櫻開・山川靜好」（2016.09.06）：

野藪山餚滿桑田，地負海涵味嚐鮮；
櫻紅草綠情萬里，開落繽紛盡階前！
山棲谷隱飄香遠，川澤羨魚雲悠閒；
靜謐天地秋風起，好景縈繞人團圓！

受聘政院跨部會台三線治理平台委員，勉嵌「浪漫台三・跨域治理」（2016.10.26）：

浪蝶狂蜂樂逍遙，漫天掩地百花嬌；
台閣風生精采甚，三陽交泰領風騷！
跨鳳乘鸞旗飄搖，域絕偏鄉尋古道；
治絲抽緒群賢聚，理直辭和競折腰！

誌擔任台大辦「浪漫台三線產業組」與談人。勉嵌「翻轉台三・永續樂活」（2016.12.27）：

翻空出奇尋浪漫，轉日回天破艱難；
台前鑼響山歌老，三路縱橫越石崗！
永懷耕讀處邊關，續短絕長同肝膽；
樂業安居桃源近，活龍鮮健祈萬安！

歐大聘呂子煒理事長講授〈在地安老與地方創生〉，讚嵌「里鄰安老・地方創生」（2019.05.27）：

里仁為美網相聯，鄰善親仁種福田；
安頓身心靈自在，老成練達廣結緣！
地載萬物湧金蓮，方興消費合作鏈；

創業厚生經營好，生機勃興豈等閒！

赴台中市為市府主管級講授〈服務管理〉，感嵌「感動服務・永銘五眼」（2015.05.13）：

感懷貼心客為尊，動靜相契意相通；
服事慎微常驚喜，務本求實最從容！
永執厥衷勤耕耘，銘諸客製各異同；
五感體驗探究竟，眼耳舌身盡春風！

赴台中市府講授〈團隊建立與溝通〉，勉嵌「團隊共識・溝通協力」（2016.10.27）：

團抱集氣聚群芳，隊部齊力鼎可扛；
共鑄一劍可斷金，識深慮遠智慧藏！
溝壑轉輾情難忘，通權達變應八方；
協同眾志無為有，力拔山兮石敢當！

受邀擔任嘉義「國際管樂節」諮詢委員，勉嵌「鳴鑼擂鼓・弦歌不輟」（2016.03.08）：

鳴鳳朝陽多才賢，鑼聲鏗鏘天欲掀；
擂動山河震古都，鼓盪風氣敢為先！
弦吹管樂廿五年，歌詠諸羅齊驚羨；
不辭千里鬥陣趣，輟足妙賞花爭艷！

赴新北工策會演講〈工業4點零大數據應用〉，勉嵌「智慧產銷・數據為王」（2016.03.24）：

智圓行方金星眼，慧見洞徹廟算先；
產製同體求精實，銷遍天下闖狼煙！
數術推衍萬物聯，據地稱雄管窺天；
為山千仞觀巨變，王師歸來迎凱旋！

赴彰化工業會講授〈問題員工管理與協助方案〉，勉嵌「追根防患・妙解有方」（2017.05.04）：

追風趕月滿天星，根深糾結説分明；
防微慎始能杜漸，患隱病除鑼鼓鳴！
妙手著春霹靂行，解紛排難仗豪情；
有待江山成大業，方圓規矩掃不平！

第十三章　一帶一路通天下

歐大碩博班講授〈一帶一路總戰略〉，勉嵌「一帶一路・產業都更」（2015.07.17）：

一曲蜿蜒穿歐亞，帶領諸國迎彩霞；
一海澎湃驚濤險，路遙繞境衝浪花！
產銷連體自動化，業績翻轉幾萬家；
都會共榮靠亞行，更擴版圖安天下！

赴龍門扶輪社作選後月例會演講，自嵌「金猴翻轉・開創新局」（2016.01.21）：

金光殘照蓬萊島，猴年馬月任飄搖；
翻天覆地應萬變，轉危為安修正道！
開泰三陽視界高，創思精進破紅潮；

新枝別開春不遠，局棋逞巧求蟠桃！

赴桃園鳳凰扶輪社演講〈藍海策略與創新實務〉，勉嵌「鳳凰扶輪・饗悅時光」（2018.04.12）：

鳳鳴朝陽非等閒，凰鳥振翅各爭先；
扶佐興業娘子軍，輪飛千里勝八仙！
饗食天堂瓜菓鮮，悅目賞心花滿園；
時和年豐慶有餘，光風霽月盡歡顏！

赴新北市扶輪社聯合月例會作專題演講，讚嵌「泰山登頂・誰與爭鋒」（2016.10.05）：

泰來否極變陰陽，山溜穿石志激昂；
登峰究極成卓越，頂天踵地盡風光！
誰入紅海搏短長，與時俱進思圖強；
爭分奪秒求轉型，鋒芒嶄露更發皇！

赴「非洲台商協會」，講授〈藍海創新與經營〉，勉嵌「創新求變・轉型升級」（2015.05.28）：

創業興邦展雄圖，新竹繁枝自傑出；
求謀佈局高瞻遠，變中險勝憑功夫！
轉戰非洲上征途，型色萬象闖新路；
升旗立幟爭藍海，級品暢旺天下服！

赴教育訓練研究中心講授〈企業接班管理〉，勉嵌「接班有序・家業長青」（2016.12.09）：

接踵摩肩萬家興，班駁陸離待發明；
有備無患傳幫帶，序歲更迭選精英！
家道垂統理相應，業競天擇立聲名；
長慮顧後多承啓，青山不老登峰頂！

范揚松完成二十萬字《家族企業永續經營》一書初稿，誌嵌「永續家業・生態治理」（2020.10.13）：

永矢弗諼德流芳，續絕存亡雄圖壯；
家齊合力萬事興，業峻鴻績日月長！

生機勃發共聯網，態勢演化互補強；
治世安邦循環亟，理極聚散爭輝煌！

欣聞葉桂娥幼兒園加入歐大博士班，讚幼教蓬勃。悅嵌「紮根教育・蘭桂飄香」（2017.02.24）：

紮寨安營歷艱難，根深柢固豈畏寒？
教化春風啓蒙早，育苗茁長立標竿！
蘭芝常生萬重山，桂馥沁潤滿春衫；
飄蕩春華秋實多，香薰故里愛相傳！

誌范揚松榮任「中華國際顧問師協會」創會理事長，勉嵌「虛空有限・我願無窮」（2016.11.03）：

虛往實歸力拼搏，空谷跫音勤苦索；
有志奮發成智業，盡情竭誠不蹉跎！
我武維揚破網羅，願受長纓歷風波；
無為萬有得妙方，窮理究竟舞婆娑！

赴中原大學校友會演講〈從紅海、藍海到深藍〉，勉嵌「紅海突擊・轉進深藍」（2016.05.13）：

紅潮濤湧拍欄杆，海象詭譎愴慌亂；
突圍霧鎖航四海，擊楫枕戈求翻轉！
轉海回天望長安，進路紛岐勤探勘；
深溝高壘攻防謀，藍縷篳路闖天關！

老友楊舜仁來訪，他是上海網紅培訓專家，正受聘規劃蘇州網紅工業園區。勉嵌「網紅引流・直播帶貨」（2022.08.23）：

網羅珊瑚照彩光，紅飛翠舞各形象；
引新標異圈粉丞，流星擊電搏聲量！
直抒高論入市場，播音傳影出花樣；
帶領風潮山河動，貨暢全球金萬兩！

從事管理教學三十餘年，進出成千上百機構學校，非典型教課講學破二千五百場次，向自己的努力身影致上最敬禮。勉嵌「傳經送寶・因材施教」（2021.09.27）：

傳道授業解千惑，經邦濟世志不奪；
送往迎新三十載，寶刀未老逞瀟脫！
因勢順導身作則，材德兼修不蹉跎；
施謀用計樂學亟，教導多術更砌磋！

第十四章　范蠡遠孫范揚松、春秋大義在胸中

李登輝媚日賣台，全中華民族應起而撻伐。怒嵌「登輝無恥・賣台求榮」（2015.07.26）：

登島護國固疆土，輝老蕃癲烏腸肚；
無良政客多黑金，恥辱政男敢荼毒！
賣官貪瀆難盡數，台聯跳樑鬼無助；
求降媚日常忘本，榮光全褪奔末路！

從太陽花學運看課綱微調案，禍害民族上百年。慘嵌「政黨黑手・玷污教壇」（2015.07.26）：

政客偽善藏面目，黨同伐異耍狠毒；

黑影幢幢常作孽，手染學子竟稱無！
玷辱師門天人怒，污損殿堂猶暴徒；
教唆犯行施妖法，壇主操弄罪可誅！

國民黨洪秀柱論反省與承擔，范揚松認同相挺。悅嵌「勇敢承擔・真誠擎天」（2015.09.07）：

勇志直前石敢當，敢將肉身擊魍魎；
承天重啓求逆轉，擔綱領導怒金剛！
真情俠義抗豺狼，誠裂金石勢難擋；
擎柱相挺應揪團，天道酬勤溢彩光！

驚爆中研院長翁啟惠政商勾結炒股案。憤嵌「竊國封侯・名器已死」（2016.03.25）：

竊奪膏脂滿嘴髒，國士風骨早淪喪；
封土稱王酒肉臭，侯門魍魎最猖狂！
名利戲變拐矇搶，器重士林學王莽；
已然崩毀棄禮樂，死有餘辜敢擊掌！

哀哉偽政權新政府反核狂言，騙你千遍不厭倦。怒嵌「民主詐騙・政客無恥」（2016.06.18）：

民進國退鑼鼓喧，主客異位天蠶變；
詐術轉彎任權謀，騙票聯盟謊連篇！
政黨尚黑鮮矣仁，客寄孤懸天可憐；
無情反覆雙頭蛇，恥問諸公誰要臉？

極盼兩岸對話，共同維護南海領土主權。慨嵌「犯我中華・雖遠必誅」（2016.07.17）：

犯顏怒諫護南疆，我武維揚不肯讓；
中土豈容島變礁，華星秋月抗豪強！
雖覆反正勢激昂，遠交近攻自主張；
必爭寸土逞極限，誅鋤異己石敢當！

怒斥政客刪文言文，搞「去中國化」形成文化斷崕。憤嵌「政客無恥・刨底絕後」（2017.08.27）：

政綱傾危夢轉空，客訴綠林路不通；

無明荒謬更頹唐，恥辱江山走偏鋒！
刨根除柢欲去中，底細全露猶癲瘋；
絕情斷義成鷹犬，後輩誰識老祖宗！

哀偽總統府「拔管」後竟成星戰基地，群魔亂舞。怒嵌「星戰迷航・神鬼交鋒」（2018.05.06）：

星馳電掣登廟堂，戰士妖嬈露春光；
迷途難返奪魂令，航向孽海最荒唐！
神道設教拔管忙，鬼哭狼嚎亟亂象；
交頸陳抗應悲憤，鋒鏑奮擊金光黨！

哀哉李遠哲毀了台灣的教育，又以權勢介入台大校長遴選。幹嵌「假藉權勢・斯文掃地」（2018.07.24）：

假戲真做亂國政，藉端教改稱萬能；
權錢交織多網羅，勢利猙獰最可憎！
斯人憔悴痴貪嗔，文丑跳樑起紛爭；
掃盡風骨成媚態，地府閻王誤蒼生！

聲援竹中、政大學長藍清水博士，痛罵校外台獨份子，無視日本屠殺四十萬台灣人，無恥媚日卑躬屈膝，奴性不改。憤嵌「侵門踏戶・必遭天遣」（2019.02.25）：

侵凌遺像滿腥騷，門牆桃李恣狂囂；
踏斗醉步台獨夢，户盡門殫死裡逃！
必報睚眦罪不饒，遭劫在數鬼神到；
天震地駭千夫指，遣將調兵剮萬刀！

詩援韓國瑜凱道誓師百萬韓粉，旗海飛揚驚動海內外。讚嵌「誓師凱道・萬夫莫敵」（2019.06.02）：

誓死不二旗海花，師直為壯愛中華；
凱歌猛進風雲亟，道存目擊簇擁他！
萬壑爭流百多萬，夫謀孔多共體察；
莫逆情義驚韓粉，敵戰統領敢當家！

東廠再現台灣，國安惡法天羅地網，偽政權捕人殺人有理由。怒嵌「國安惡法・綠色霸權」（2019.07.06）：

國事頽唐掀腥風，安得蒼生能從容；
惡偽政權魍魎甚，法峻刑嚴不苟同！
綠林莽漢赤眼紅，色厲內荏反送中；
霸道橫行怨怒極，權謀獨斷失心瘋！

香港反送中受美帝操控，重創香港政經社會，但祖國一定有辦法處理。勉嵌「香江夢碎・沉淪暴亂」（2019.08.22）：

香江軟紅夜笙歌，江楓漁火舞婆娑；
夢短更多妖風起，碎心裂膽黑白說！
沉浮俯仰破山河，淪浹肌膚競網羅；
暴戾恣睢無上限，亂舞狂飈佛地魔！

台大、政大碩博班，應成立「黑韓產業鏈研究所」，振興台獨偽政權經濟。慨嵌「黑韓產業・造謠生非」（2019.08.28）：

黑白顛倒困猛龍，韓流潰竄驚濤中；
產銷一體腥羶臭，業火無明黃配紅！
造孽名嘴絕子孫，謠諑誣謗掀妖風；

生聚教訓應進擊，非常抗暴不服從！

王金平忍辱負重，裂解國民黨，實為支持台獨勢力，標準的漢奸行為。哀嵌「喬公戲法・偷腥染綠」（2019.09.02）：

喬文假借公道伯，公郎天壤任穿梭；
戲珠九龍不肯讓，法輪常轉舞婆娑！
偷樑換柱竟苟活，腥羶遍體不忍說；
染指江山無上限，綠暗紅稀志可奪！

哀蔡英文大搞「去中國化」，從課綱清除中華文化，刨根荼毒，新一代屁孩將不知道自己是中國人。哀嵌「文化刨根・禍國殃民」（2019.09.07）：

文江學海繼絕學，化龍變虎行偏邪；
刨骨抽髓顛倒極，根連株拔更噬血！
禍起台獨生肘腋，國無寧日競巴結；
殃及子孫同憤慨，民不堪命歷萬劫！

郭台銘退黨！夜讀陳國祥批判鴻文，有感劉邦、項羽垓下戰役前因後果。

慨嵌「楚王鬼雄・霸業難成」（2019.09.13）：

楚河漢界競相爭，王孫貴戚棄范增；
鬼哭狼嚎殺戮極，雄師末路垓下城！
霸市欺行毀前程，業障現前群魔生；
難登青天烏江恨，成敗在心盡可憎！

漢奸之子更漢奸，蘇真昌在廟堂之上囂張跋扈、頤指氣使嘴臉。慨嵌「魔鬼院長・逆天酷吏」（2019.11.03）：

魔神附身恣狂言，鬼魅滿朝行偏險；
院府狼狽一丘貉，長安棋局愛變臉！
逆道亂倫直濫權，天理難容競撒錢；
酷口利舌無遮攔，吏狼官虎爭勝選！

慨查「水表」，台獨偽政權綠色恐怖，東廠再現，人民劫難。慨嵌「網軍治國・政以賄成」（2020.01.08）：

網羅織罪遍東廠，軍法從事狠心腸；
治理無能暗黑甚，國破民殘盡板蕩！

政由己出任說謊，以碬投卵競恣狂；
賄賂公行貪瀆極，成群結黨恨囂張！

悼郝柏村伯伯，一百零二歲辭世，三十八年前他頒給范揚松「國軍文藝長詩金像獎」，憶嵌「出將入相・功在黨國」（2020.03.31）：

出謀畫策搏死戰，將門虎子豈簡單；
入閣登壇天酬勤，相帥成風照肝膽！
功標青史歷艱難，在所不辭幾輾轉；
黨堅氣盛多叱咤，國家干城好典範！

上海交通大學老子學院王干城教授，請范揚松以嵌「章潤先生・國士無雙」作藏頭詩（2020.06.16）：

章決句斷言鏗鏘，潤澤黎庶懷悲愴；
先我著鞭勘得破，生息俯仰救死傷！
國事惆悵罵荒唐，士農工商幾斷腸；
無道暴虐擊筑處，雙龍貫斗敢狷狂！

屈原，決定跳釣魚台，倭鬼將釣魚台劃入領土，台獨偽政權之妖女、偽統領府、偽外交單位都噤聲默認。哀嵌「助日代表・喪權辱國」（2020.06.24）：

助紂為虐共狼狽，日削月割去不回；
代籌借箸居心惡，表裡奸邪媚日鬼！
喪心病狂李登輝，權傾朝野忍者龜；
辱身敗名小英極，國魂落魄盡成灰！

林飛帆發起太陽花反服貿、反商機、反企業實反中，禍害台灣五十年。憤嵌「厚黑九萬・百斗折腰」（2020.07.02）：

厚顏無恥入廟堂，黑漆皮燈亮無光；
九尾狐狸反服貿，萬死猶輕競猖狂！
百般奉承大妖魔，斗筲器小佈網羅；
折煞商機太陽花，腰金拖紫救無方！

台獨才是貪污的護國社山，購買疫苗，高官說謊，政商封勾而「1450」息火。憤嵌「混亂視聽・藉疫謀利」（2021.02.23）：

混帳王八行偏險，亂臣賊子爭權錢；

視民芻狗喪心極，聽若罔聞逞內宣！
藉勢借端敢逆天，疫煞凶猛人倒懸；
謀獨貪贓囂張甚，利慾燻心官箴賤！

台灣年輕世代被邪惡綠妖和自由時報洗腦，成了集體弱智，集體的腦殘白痴。哀嵌「無恥鮭魚・壽司何辜」（2021.03.19）：

無智腦殘廢青年，恥辱自取毀名銜；
鮭懶趴火燒不盡，魚死網破魂歸天！
壽陵匍匐恨可憐，司馬方外競作賤；
何足道哉貪嗔痴，辜負父母不要臉！

綠色妖魔偽政權為助陳阿扁脫「貪污罪」，修法「貪污除罪化」，女戰神鄭麗文慟批，憤嵌「義正辭嚴・萬軍莫敵」（2021.04.15）：

義無反顧救倒懸，正面交鋒鏗鏘言；
辭令猶劍殺無赦，嚴氣烈性風雲變！
萬惡貪瀆綠厚顏，軍臨城下抗爭先；
莫之能禦戰神在，敵愾同仇敢逆天！

蔡偽政權的假博士案到萊豬、核食、太魯閣慘案、隱匿疫情，萬惡的綠色恐怖。慨嵌「綠色獨裁・坑蒙拐騙」（2021.05.21）：

綠林結夥充好漢，色厲膽薄痴瞋貪；
獨領網軍羅織罪，裁心專制敢瞞頇！
坑儒背德裂肝膽，蒙面喪心萊豬亂；
拐彎謀權錢通天，騙誘逼脅盡腥羶！

全球關切「一輩子都在欺騙的女人」，妖女小英的假學歷「論文門」，引爆全球，台灣出名了。慨嵌「集團詐騙・欺世盜名」（2021.08.29）：

集蠅附蟻論文門，團夥造作通鬼神；
詐以治國德不配，騙拐坑蒙假當真！
欺天罔地孰能忍？世道好還業障深；
盜匪心賊當懺悔，名繮利鎖可憐人！

回應陳家聲教授，美帝衰落，販賣戰爭掠奪全球財富，為掏空台灣，與綠色偽政權內外勾聯，以十部專機把台積電設備和成千工程師全搬到美國。哀嵌「美帝蠻橫・長臂管轄」（2021.11.01）：

美虎肆虐引狼煙，帝夢膏肓近瘋癲；
蠻爭觸鬥無寧日，橫征暴賦施鐵拳！
長轡遠馭驚霸權，臂擋狂砂鴻門宴；
管禿唇焦不爭氣，轄斷車毀旦夕間！

啊！祖國已然強大，中美博奕，美帝節節敗退，制裁無用，戰又不敢真打。

悅嵌「美帝崩盤・乾坤重整」（2022.04.21）：

美人遲暮醉蹣跚，帝國夢碎前景殘；
崩山裂海邊與角，盤龍臥虎奪江山！
乾照東協尋逆轉，坤藏歐亞過千關；
重啓逐鹿帶路多，整軍經武敢決戰！

跋記　講學行旅藏頭詩寫作旨趣、特色與反思

范揚松

一、嚮往俠的身世，因而從事管理顧問及教學工作30年，行走中港臺新馬泰50餘城。在大中小機構，企業診斷、輔導、教學、執行及轉投資事業，詩的創作即反應一生歷史。

二、持續以知識之劍經驗之刀行俠仗義，赴各企業機關診斷問題，化解危機或傳經說法。這種理性顧問生涯與感性創作詩文，有矛盾有衝突，卻相克相濟，創意不絕。

三、闖南走北歷經現代都會，邊陲鄉鎮，大中小型企業機關，各種行業產業，所面臨各危機與困難。不僅增加個人歷練，也開闊視野格局，有助於詩的選材，思路，內涵與表達。

四、經歷不同地域，國家，人情及任務，接觸產官學研不同單位高層，學

員，拔高視野情懷。最直接影響到自己包容多元及歧異性能力，詩的生命亦是如此多元變易的風格。

五、創業前十數年幾乎停筆，只保持純欣賞。後因事業漸上軌道開始恢復現代詩創作，試圖結合教學與創作，特別是進入國家文官培訓體系，碩博教學體系，有意識地創作記錄。

六、行旅在各城市之間流轉，常一人行走天涯，在機場，飯店，課間，有空即創作詩詞以遣懷或有計畫地寫作存真。部分因各地詩友墨客往來酬唱，也為生活增添不少情趣。

七、因處於時代轉折加上對政局演變有所期盼，藉詩作發抒興觀群怨，總覺知識份子不能自絕於社會家國。因此參與許多社團及政治性活動，發文寫詩廣結善緣，算是活躍份子。

八、行旅講學詩將風景，人文，典故置入於詩行之中，更多是對人情，情感的抒發、互勉或懷鄉……。因中國崛起，政府、企業需大量企業管理培訓、企業碩博教育，我躬逢其盛啊！

九、一直深信《詩可載道》，期待詩作為一種思想見解及觀點的載體，將所見所悟藏於詩句篇章。這雖勉強，因篇幅小，成詩條件多，但點滴工程以長期積累，形塑個人品牌！

十、現代詩轉為藏頭詩，不只是形式轉變，詩以載道的動機更強，一方面對講授內容做整理或做反思。一方面挑戰自己創作能耐與毅力，因為持續寫作，力求創新，誠不容易啊！

十一、授課或輔導案前即花心思備課消化，建立教課／輔導體系，加以揣摩授課情景及主授內容布置，我用生命授課演講，心中腳本不停排演，每講一場即以生命演出一次，不重複。

十二、授課後依教學／聽課互動與實例分享，討論，激盪出不同多元觀點，最後撰藏頭詩並藉臉書發表。如此反覆到最後，除原先領悟之外，亦增添新體悟與元素，讓詩內容更充實。

十三、因有現代手機可經由谷歌查詢、記錄及發佈功能，透過讀者互動，偶會略修整內容使之更加完善與受肯定。我是手機重度使用者；古人無此工具創作不易，我則悠遊其間，樂在其中。

十四、藏頭詩過去視為文字遊戲之作，我則系統性創作，把大量的課程、感懷、見識表達詩行之間，反成為另一種文體。我曾實驗將現代詩與藏頭詩揉成一體20首，或可以發展新詩體。

十五、藏頭詩比其他創作更難，有多個條件要求，1.題旨藏頭，2.詩行埋句，3.考證用典，4.節奏押韻，5.前後呼應，不易啊。曾有多人以此與我唱和，終究後繼無力，因它的難度頗高。

十六、題旨藏頭；我對一門課程，文章，事件或議題，提綱挈領找出二句八字，將見解或感悟，置於八行詩句的第一個稱崁頭。此非盲目置頂，它本身要能一針見血，統括內涵感悟。

十七、詩行埋句；以藏頭字發想詩句及上下句關係，考慮辭句，包括用字遣詞符合表達題旨，前後開展合乎邏輯發展，其有平鋪直敘，有懸疑問句，也直接批判決斷句。

十八、考證用典；因語言凝煉字數限制，故引用成語、經書或典籍，借谷歌查詢擴張思索並確保用典正確，期能詩意深刻。部分則採用現代流行詞彙入詩，雖粗糙不文卻也反映時代語言妙喻。

十九、節奏押韻；以題旨考量或激情或深沉或悲哀或懸疑或豪放，選用文辭與不同的快慢節奏，我不做對仗平仄聲，但在 124568 行押韻，韻腳選用會考慮詩中的情思及感懷。

二十、前後呼應；詩作為有機體，開題結尾有啟承轉合或有變化及側重，但整體前後上下相呼應成為一體感。不論形式或內容以題旨為崇，詩作之間銜接轉折均為有機表現。

二一、既然我將藏頭詩視為言志載道的表達形式與內容，通常以嚴肅態度對待之，儘可能符合五項原則。因我認為它不是文字遊戲之作，而是個人社會歷史的一部份，事出有因，不無病呻吟。

二二、藏頭詩不易寫好，也不易自成一格，所謂戴著手鐐腳銬在跳舞，不僅辭要達意，而且要密合題旨，符合詩的系統特性。我力求詩可載道，詩是我生命的載體，更是日常學思一部分。

二三、自我期許我的作品與我的價值追求，人格學養，實踐行動合一。詩不應向壁產設，詩與我合而為一個生命系統，盡可能觀照兼及八大特性。此八大特性我曾撰萬字論文發表。

二四、我自許藏頭詩有包含下列八大特性，1.整體性，2.目的性，3.層次性，4.組織性，5.相似性，6.突變性，7.穩定性，8.開放性。每一特性下再分形式與內容提問，相反相成合而為一。

二五、創作藏頭詩選材不拘教學、輔導，大凡讀書、活動、酬唱、政局、人物、社會、科技，皆可回應成詩，題材多元繁複。詩直接反應我的工作特性，人脈網絡，與趣偏好，所思所學。

二六、就講學行旅而言，內容包含新知閱讀，教學方法，策略規劃，商業模式，管理技能，團隊激勵，危機議題，組織變革，在疫情曾盤點過去授課題目，發現竟講過六十個不同主題。

二七、近年每首藏頭詩都有背景前言或附註補充，也會寫明授課對象及城市。近十年不寫大事記，即以藏頭詩為生命歷練軌跡。常言作者已死，若能有時地人事物交代，作者比較容易活下去。

二八、我手寫我詩，我詩證我道，記錄著我求道、學道、知道、行道、悟道、得道、傳道的生命史，兼及時代政治社會史……，我自己的認知、見解、領悟及抉擇，用詩句活出自己俠客風格。

二九、持續創作藏頭詩，身心靈投入猶在紅塵道場中修煉自己心性及觀照內外能力，經《知、止、定、靜、安、慮、得》反思與體悟。我清楚知悉大趨勢，目標，專注集中，勘破現象以求究竟。

三十、藏頭詩固然形式傳統，然在創作中力求《道以藝成》，引入新意識，新概念，新課題，新詞彙……某人生價值。創作初衷，處事原則不改變，但表達形式與內容可無窮變化，天下事皆可進出。

三一、創作即清醒面對生存中的困境與挑戰，特別對一個創業者，顧問師，傳道人，投資客多重身份的自己。在不同場域中角色切換頻仍，偶忘自己，但回到創作者身份時整個人是統一的。

三二、因為必須清醒冷靜或尖銳以待，日常中必須敏銳地觀察、探究、研判、反思、總結，改善以達螺旋式成長。我一直擔心生命會停滯、腐化或自我抄襲，必須自律地再學習，尋找新突破口。

三三、不斷透視自己的工作、生命及生命，詩作為一種表達、提問或回應，自己的心智愈來愈敏捷。未必是追求新鮮時尚，而一直想如何古為今用，以今顯古，今古相融，開創一番自我氣象。

三四、一沙一世界，一詩一如來，反觀自己生命樣態，從點、線、面、體、量、能、力的展現器宇、襟懷與影響力，我從事翻轉教育行動學習，從結構到再構成為自己面目，創作藏頭詩即是。

三五、感恩現代科技、手機及社交媒體，陪伴我大江南北，天涯若比鄰，以詩聯絡各領域學者、專家、讀友，我不孤單寂寞。以詩作為學思的傳遞互動媒介，也算是一種創新一種演化。

三六、從現代詩到藏頭詩，從自由奔放到自戴鐐銬，我都能手足舞蹈，盡情展演自己，有悲有歡，更有強韌的生命力。從轉型中知道自己的不足與限制，也讓出更多謙卑與空杯空間，時刻儆醒。

陳福成著作全編總目

壹、兩岸關係

①決戰閏八月
②防衛大台灣
③解開兩岸十大弔詭
④大陸政策與兩岸關係

貳、國家安全

⑤國家安全與情治機關的弔詭
⑥國家安全與戰略關係
⑦國家安全論壇。

參、中國學四部曲

⑧中國歷代戰爭新詮
⑨中國近代黨派發展研究新詮
⑩中國政治思想新詮
⑪中國四大兵法家新詮：孫子、吳起、孫臏、孔明

肆、歷史、人類、文化、宗教、會黨

⑫神劍與屠刀
⑬中國神譜
⑭天帝教的中華文化意涵
⑮奴婢妾匪到革命家之路：復興廣播電台謝雪紅訪講錄
⑯洪門、青幫與哥老會研究

伍、詩〈現代詩、傳統詩〉、文學

⑰幻夢花開一江山
⑱赤縣行腳・神州心旅
⑲「外公」與「外婆」的詩
⑳尋找一座山
㉑春秋記實
㉒性情世界
㉓春秋詩選
㉔八方風雲性情世界
㉕古晟的誕生
㉖把腳印典藏在雲端
㉗從魯迅文學醫人魂救國魂說起
㉘六十後詩雜記詩集

陸、現代詩（詩人、詩社）研究

㉙三月詩會研究
㉚我們的春秋大業：三月詩會二十年別集
㉛中國當代平民詩人王學忠
㉜讀詩稗記
㉝嚴謹與浪漫之間
㉞一信詩學研究：解剖一隻九頭詩鵠
㉟囚徒
㊱胡爾泰現代詩臆說
㊲王學忠籲天詩錄

柒、春秋典型人物研究、遊記

㊳山西芮城劉焦智「鳳梅人」報研究
㊴在「鳳梅人」小橋上
㊵我所知道的孫大公

㊶為中華民族的生存發展進百書疏
㊷金秋六人行
㊸漸凍勇士陳宏

捌、小說、翻譯小說

㊹迷情・奇謀・輪迴、
㊺愛倫坡恐怖推理小說

玖、散文、論文、雜記、詩遊記、人生小品

㊻一個軍校生的台大閒情
㊼古道・秋風・瘦筆
㊽頓悟學習
㊾春秋正義
㊿公主與王子的夢幻、
51洄游的鮭魚
52男人和女人的情話真話
53台灣邊陲之美
54最自在的彩霞
55梁又平事件後

拾、回憶錄體

56五十不惑
57我的革命檔案
58台大教官興衰錄
59迷航記、
60最後一代書寫的身影
61我這輩子幹了什麼好事
62那些年我們是這樣寫情書的
63那些年我們是這樣談戀愛的
64台灣大學退休人員聯誼會第九屆理事長記實

拾壹、兵學、戰爭

65孫子實戰經驗研究
66第四波戰爭開山鼻祖賓拉登

拾貳、政治研究

67政治學方法論概說
68西洋政治思想史概述
69中國全民民主統一會北京行
70尋找理想國：中國式民主政治研究要綱

拾參、中國命運、喚醒國魂

71大浩劫後：日本 311 天譴說
日本問題的終極處理
72台大逸仙學會

拾肆、地方誌、地區研究

73台北公館台大地區考古・導覽
74台中開發史
75台北的前世今生
76台北公館地區開發史

拾伍、其他

77英文單字研究
78與君賞玩天地寬（文友評論）
79非常傳銷學
80新領導與管理實務

2015 年 9 月後新著

編號	書名	出版社	出版時間	定價	字數(萬)	內容性質
81	一隻菜鳥的學佛初認識	文史哲	2015.09	460	12	學佛心得
82	海青青的天空	文史哲	2015.09	250	6	現代詩評
83	為播詩種與莊雲惠詩作初探	文史哲	2015.11	280	5	童詩、現代詩評
84	世界洪門歷史文化協會論壇	文史哲	2016.01	280	6	洪門活動紀錄
85	三搞統一：解剖共產黨、國民黨、民進黨怎樣搞統一	文史哲	2016.03	420	13	政治、統一
86	緣來艱辛非尋常－賞讀范揚松仿古體詩稿	文史哲	2016.04	400	9	詩、文學
87	大兵法家范蠡研究－商聖財神陶朱公傳奇	文史哲	2016.06	280	8	范蠡研究
88	典藏斷滅的文明：最後一代書寫身影的告別紀念	文史哲	2016.08	450	8	各種手稿
89	葉莎現代詩研究欣賞：靈山一朵花的美感	文史哲	2016.08	220	6	現代詩評
90	臺灣大學退休人員聯誼會第十屆理事長實記暨 2015～2016 重要事件簿	文史哲	2016.04	400	8	日記
91	我與當代中國大學圖書館的因緣	文史哲	2017.04	300	5	紀念狀
92	廣西參訪遊記（編著）	文史哲	2016.10	300	6	詩、遊記
93	中國鄉土詩人金土作品研究	文史哲	2017.12	420	11	文學研究
94	暇豫翻翻《揚子江》詩刊：蟾蜍山麓讀書瑣記	文史哲	2018.02	320	7	文學研究
95	我讀上海《海上詩刊》：中國歷史園林豫園詩話瑣記	文史哲	2018.03	320	6	文學研究
96	天帝教第二人間使命：上帝加持中國統一之努力	文史哲	2018.03	460	13	宗教
97	范蠡致富研究與學習：商聖財神之實務與操作	文史哲	2018.06	280	8	文學研究
98	光陰簡史：我的影像回憶錄現代詩集	文史哲	2018.07	360	6	詩、文學
99	光陰考古學：失落圖像考古現代詩集	文史哲	2018.08	460	7	詩、文學
100	鄭雅文現代詩之佛法衍繹	文史哲	2018.08	240	6	文學研究
101	林錫嘉現代詩賞析	文史哲	2018.08	420	10	文學研究
102	現代田園詩人許其正作品研析	文史哲	2018.08	520	12	文學研究
103	莫渝現代詩賞析	文史哲	2018.08	320	7	文學研究
104	陳寧貴現代詩研究	文史哲	2018.08	380	9	文學研究
105	曾美霞現代詩研析	文史哲	2018.08	360	7	文學研究
106	劉正偉現代詩賞析	文史哲	2018.08	400	9	文學研究
107	陳福成著作述評：他的寫作人生	文史哲	2018.08	420	9	文學研究
108	舉起文化使命的火把：彭正雄出版及交流一甲子	文史哲	2018.08	480	9	文學研究

109	我讀北京《黃埔》雜誌的筆記	文史哲	2018.10	400	9	文學研究
110	北京天津廊坊參訪紀實	文史哲	2019.12	420	8	遊記
111	觀自在綠蒂詩話：無住生詩的漂泊詩人	文史哲	2019.12	420	14	文學研究
112	中國詩歌墾拓者海青青：《牡丹園》和《中原歌壇》	文史哲	2020.06	580	6	詩、文學
113	走過這一世的證據：影像回顧現代詩集	文史哲	2020.06	580	6	詩、文學
114	這一是我們同路的證據：影像回顧現代詩題集	文史哲	2020.06	540	6	詩、文學
115	感動世界：感動三界故事詩集	文史哲	2020.06	360	4	詩、文學
116	印加最後的獨白：蟾蜍山萬盛草齋詩稿	文史哲	2020.06	400	5	詩、文學
117	台大遺境：失落圖像現代詩題集	文史哲	2020.09	580	6	詩、文學
118	中國鄉土詩人金土作品研究反響選集	文史哲	2020.10	360	4	詩、文學
119	夢幻泡影：金剛人生現代詩經	文史哲	2020.11	580	6	詩、文學
120	范蠡完勝三十六計：智謀之理論與全方位實務操作	文史哲	2020.11	880	39	戰略研究
121	我與當代中國大學圖書館的因緣（三）	文史哲	2021.01	580	6	詩、文學
122	這一世我們乘佛法行過神州大地：生身中國人的難得與光榮史詩	文史哲	2021.03	580	6	詩、文學
123	地瓜最後的獨白：陳福成長詩集	文史哲	2021.05	240	3	詩、文學
124	甘薯史記：陳福成超時空傳奇長詩劇	文史哲	2021.07	320	3	詩、文學
125	芋頭史記：陳福成科幻歷史傳奇長詩劇	文史哲	2021.08	350	3	詩、文學
126	這一世只做好一件事：為中華民族留下一筆文化公共財	文史哲	2021.09	380	6	人生記事
127	龍族魂：陳福成籲天錄詩集	文史哲	2021.09	380	6	詩、文學
128	歷史與真相	文史哲	2021.09	320	6	歷史反省
129	蔣毛最後的邂逅：陳福成中方夜譚春秋	文史哲	2021.10	300	6	科幻小說
130	大航海家鄭和：人類史上最早的慈航圖證	文史哲	2021.10	300	5	歷史
131	欣賞亞媺現代詩：懷念丁穎中國心	文史哲	2021.11	440	5	詩、文學
132	向明等八家詩讀後：被《食餘飲後集》電到	文史哲	2021.11	420	7	詩、文學
133	陳福成二〇二一年短詩集：躲進蓮藕孔洞內乘涼	文史哲	2021.12	380	3	詩、文學
134	中國新詩百年名家作品欣賞	文史哲	2022.01	460	8	新詩欣賞
135	流浪在神州邊陲的詩魂：台灣新詩人詩刊詩社	文史哲	2022.02	420	6	新詩欣賞
136	漂泊在神州邊陲的詩魂：台灣新詩人詩刊詩社	文史哲	2022.04	460	8	新詩欣賞
137	陸官 44 期福心會：暨一些黃埔情緣記事	文史哲	2022.05	320	4	人生記事
138	我躲進蓮藕孔洞內乘涼–2021 到 2022 的心情詩集	文史哲	2022.05	340	2	詩、文學
139	陳福成 70 自編年表：所見所做所寫事件簿	文史哲	2022.05	400	8	傳記
140	我的祖國行腳詩鈔：陳福成 70 歲紀念詩集	文史哲	2022.05	380	3	新詩欣賞

141	日本將不復存在：天譴一個民族	文史哲	2022.06	240	4	歷史研究
142	一個中國平民詩人的天命：王學忠詩的社會關懷	文史哲	2022.07	280	4	新詩欣賞
143	武經七書新註：中國文明文化富國強兵精要	文史哲	2022.08	540	16	兵書新注
144	明朗健康中國：台客現代詩賞析	文史哲	2022.09	440	8	新詩欣賞
145	進出一本改變你腦袋的詩集：許其正《一定》釋放核能量	文史哲	2022.09	300	4	新詩欣賞
146	進出吳明興的詩：找尋一個居士的圓融嘉境	文史哲	2022.10	280	5	新詩欣賞
147	進出方飛白的詩與畫：阿拉伯風韻與愛情	文史哲	2022.10	440	7	新詩欣賞
148	孫臏兵法註：山東臨沂銀雀山漢墓竹簡	文史哲	2022.12	280	4	兵書新注
149	鬼谷子新註	文史哲	2022.12	300	6	兵書新注
150	諸葛亮兵法新註	文史哲	2023.02	400	7	兵書新注
151	中國藏頭詩(一)：范揚松講學行旅詩欣賞	文史哲	2023.03	280	5	新詩欣賞

陳福成國防通識課程著編及其他作品

（各級學校教科書及其他）

編號	書　　　名	出版社	教育部審定
1	國家安全概論（大學院校用）	幼　獅	民國 86 年
2	國家安全概述（高中職、專科用）	幼　獅	民國 86 年
3	國家安全概論（台灣大學專用書）	台　大	（臺大不送審）
4	軍事研究（大專院校用）（註一）	全　華	民國 95 年
5	國防通識（第一冊、高中學生用）（註二）	龍　騰	民國 94 年課程要綱
6	國防通識（第二冊、高中學生用）	龍　騰	同
7	國防通識（第三冊、高中學生用）	龍　騰	同
8	國防通識（第四冊、高中學生用）	龍　騰	同
9	國防通識（第一冊、教師專用）	龍　騰	同
10	國防通識（第二冊、教師專用）	龍　騰	同
11	國防通識（第三冊、教師專用）	龍　騰	同
12	國防通識（第四冊、教師專用）	龍　騰	同

註一　羅慶生、許競任、廖德智、秦昱華、陳福成合著，《軍事戰史》（臺北：全華圖書股份有限公司，二〇〇八年）。

註二　《國防通識》，學生課本四冊，教師專用四冊。由陳福成、李文師、李景素、頊臺民、陳國慶合著，陳福成也負責擔任主編。八冊全由龍騰文化事業股份有限公司出版。